RÉFLEXIONS

SUR

LA LIBRAIRIE,

Dans lesquelles on traite des Propriétés littéraires, des Contrefaçons, et de la Censure ; de l'Imprimerie et de la Librairie, considérées sous le rapport de l'art, du commerce et de la sûreté publique ;

SUIVIES

D'un Projet de Réglement pour la garantie des Propriétés littéraires, et pour l'Imprimerie et la Librairie.

OUVRAGE ADRESSÉ A SA MAJESTÉ,

Par P. CATINEAU-LA-ROCHE, *ancien Imprimeur à Paris.*

FONTAINEBLEAU,

DE L'IMPRIMERIE DE M.de CATINEAU-LA-ROCHE.

JUILLET — 1807.

AVIS.

J'AVAIS cédé à l'invitation que m'en avaient faite plusieurs libraires de Paris, et déjà je jetais sur le papier quelques idées sur la création et le commerce des livres, lorsqu'on m'a assuré que le conseil-d'état allait s'occuper de la discussion d'un Réglement pour la librairie et l'imprimerie. Alors je me suis hâté d'écrire, parce que j'ai eu la faiblesse de penser que mon travail, tout imparfait qu'il fût, jeterait quelque lumière sur un sujet qui ne peut être entièrement connu de tous les membres du conseil-d'état appelés à cette discussion.

Je sais que les mesures que j'indique pour faire cesser le pillage général des propriétaires littéraires, déplairont à certains libraires des départemens, accoutumés à augmenter leurs fortunes par la ruine des auteurs et des libraires de la capitale. Ils préféreraient, à-coup-sûr, des chambres syndicales composées d'eux et de leurs complices, et qui ne recevraient d'autre impulsion que la leur! Je sais encore que mon opinion sur la transmission des propriétés littéraires n'est pas celle du commun de la librairie. Accoutumés à voir entrer dans le domaine public les propriétés des auteurs, et à les exploiter gratuitement, certains libraires verront avec peine ces propriétés déclarées transmissibles. Aveuglés par la routine, et uniquement occupés de l'intérêt du moment, ils ne réfléchiront pas que s'ils achètent ces propriétés plus cher, le Projet leur en garantit la jouissance exclusive et perpétuelle, et que cette exclusiveté doit les enrichir eux et leurs descendans.

Quant à moi, j'ai dû balancer les intérêts des uns et des autres, et stipuler les droits de tous. Il faut parler suivant l'équité, ou il faut se taire. Je ne tiens plus à la librairie que par un fil qui sera coupé bientôt; je ne me lancerai pas de nouveau dans une carrière où tant de gens honnêtes et instruits ont échoué; j'éloignerai avec soin mes enfans de cette mer semée d'écueils sur lesquels sont venues se briser tant de réputations long-tems intactes....: je suis donc entièrement désintéressé sur tout ce qu'on pourra faire pour la librairie. En m'occupant de cette profession, je n'ai pour guide que ma conscience; et j'en parle aujourd'hui, comme si j'étais assuré de mourir demain.

On trouvera dans mon Projet de Réglement quelques articles extraits de celui dont j'ai combattu certaines dipositions. On en trouvera un plus grand nombre que j'ai calqués sur le Réglement du chancelier Daguesseau, notamment ceux qui concernent la police des ateliers, les visites des imprimeries et librairies, et des livres venant de France ou de l'étranger, les apprentis, les fondeurs, les ventes, *etc.*, *etc.*, *etc.* Il m'a paru qu'il était impossible de faire mieux.

Si mon ouvrage péche essentiellement par le style; si les matières y sont traitées sans ordre et sans liaison; s'il y a des redites; si on n'y trouve pas la clarté que j'avais le dessein d'y répandre; enfin si la lecture en est fatigante, je prie d'attribuer ces imperfections à la précipitation presqu'inconcevable avec laquelle il a été écrit et imprimé. Ce n'est véritablement qu'un premier jet, susceptible d'être limé à-l'infini. Le mal est, après tout, moins grand qu'on ne pourrait se l'imaginer d'abord, puisque cet ouvrage est destiné à tomber dans des mains exercées. Les personnes qui daigneront le lire, sentiront facilement ce que je n'ai qu'indiqué, et pourront donner à mes idées les développemens que le tems ne m'a pas permis de leur donner.

Je me trouverai heureux si elles daignent l'accueillir avec l'indulgence qui est familière aux esprits élevés, et excuser le désordre qui y règne et les incorrections dont il fourmille, en faveur de la pureté de l'intention.

P. Catineau-la-Roche.

Fontainebleau, 25 *juillet* 1807.

RÉFLEXIONS

SUR

LA LIBRAIRIE.

Si l'on considère que tout ce qui sert en France à la confection des livres est le produit de l'industrie ou du sol français; que par-conséquent une vente de livres de six millions *, faite à l'étranger, fait rentrer en France six millions d'écus; que la fabrication et le commerce des livres alimentent les trois quarts des papeteries de l'Empire, et occupent, seulement à Paris, 25 mille individus, on est forcé de convenir de l'importance de ce commerce, que des gens peu réfléchis semblent dédaigner; on doit avouer qu'il a droit à une protection particulière, et qu'il ne saurait être trop encouragé.

D'autre part, qu'on parcoure l'histoire des révolutions politiques qui ont affligé l'Europe depuis l'invention de l'imprimerie! on verra la licence de la presse augmenter en raison de l'audace des factieux : ces mêmes machines, ces mêmes bras, qui naguères servaient à multiplier les productions des savans, à étendre le domaine du génie, sont, à la voix des séditions, employés à reproduire à l'infini, et des calomnies atroces qui enlèvent bientôt aux souverains le cœur de leurs sujets et les font chanceler sur leurs trônes, et des cris de mort qui les en précipitent. Après ces grandes catastrophes, on verra nos rois ** obligés de contenir, par

* La France envoie encore annuellement à l'étranger pour six millions de librairie; l'exportation devait être double avant 1789.

** Ordonn. du 17 janvier 1561, art. 13.—Imprimeurs,

une extrême sévérité, et souvent d'effrayer par l'appareil des supplices, des générations élevées dans la connaissance des principes séditieux que des presses criminelles avaient propagés. Resserrée dans de justes bornes, la presse, multipliant avec une netteté et une rapidité étonnante les productions des auteurs, étend le domaine de la science; abandonnée à elle-même, elle détruit les principes constitutifs des sociétés; elle amène l'anarchie, elle l'alimente. Un art tout-à-la-fois aussi utile et aussi dangereux ne peut être soumis aux règlemens qui régis-

semeurs et vendeurs de placards et libelles, punis du fouet pour la première fois, et pour la seconde, de la vie.

Ordonn. du 10 septembre 1563. Défenses d'imprimer livres, lettres, harangues, n'autre écrit, etc., etc., *sans permission du Roi*, sur peine d'être pendu et étranglé.

Arrêt du Parlement du dernier juillet 1565. Mêmes défenses, sur peine de confiscation de corps et de biens.

Ordonn. de Moulins, février 1566, art. 77. Mêmes défenses, et sur les mêmes peines.

Ordonn. d'avril 1571, art. 10. Mêmes défenses, à peine de punition corporelle.

Arrêt du premier décembre 1584. Belleville pendu, pour avoir mis en lumière un mauvais livre contre le roi.

Arrêt de septembre 1610. Du Jarrige, Chefbobin et Chapmartin, pendus à Paris.

Ordonn. de Henri IV, avril 1598. Défense d'imprimer livres, libelles et écrits diffamatoires, sur les peines contenues dans les ordonnances.

Ordonn. de mai 1616, art. 42. Mêmes défenses, sur peine de la vie.

Arrêt du 24 octobre 1652 (Louis XIV venait de rentrer à Paris, vainqueur de la Fronde). Les imprimeries de ceux qui impriment des libelles seront vendues sur-le-champ.

Arrêt du 9 décembre 1670. Défenses de vendre des gazettes à la main, à peine de fouet et bannissement pour la première fois, et des galères pour la seconde.

Arrêt du Conseil-d'Etat du 28 février 1723. Défenses d'imprimer, vendre, exposer, distribuer, colporter livres ou libelles contre la religion, le service du roi, le bien de l'État, la pureté des mœurs, etc., etc., sous peine d'être puni suivant la rigueur des ordonnance.

Déclaration du 10 mai 1728. Défenses d'imprimer des ouvrages non revêtus de priviléges, sous peine du carcan, et même de plus grandes peines pour la première fois; et en cas de récidive, des galères pour cinq ans.

sent tous les autres : c'est une arme à deux tranchans, difficile à manier, et que les gouvernemens ne doivent pas confier à des mains imprudentes.

Il faut donc que des lois spéciales régissent la librairie en général. Pour rendre cette vérité évidente, je vais entretenir un moment le lecteur de la création, de la fabrication et du commerce des livres. J'indiquerai ensuite les moyens que je crois les plus propres à garantir aux auteurs la jouissance de leurs propriétés ; à conduire vers la perfection l'art qui les multiplie; à redonner à ceux qui le professent la considération dont ils jouissaient, au commerce qui en dérive une extension qui soit d'un grand poids et toute à l'avantage de la France, et à rassurer pour toujours le gouvernement contre les entreprises criminelles des auteurs et de la librairie.

Je parlerai :

1°. De la création ou invention des livres, c'est-à-dire, des auteurs, et de leurs productions; et par suite, des contrefaçons ;

2°. De l'imprimerie, qui reproduit ces productions à l'infini ;

3°. De la librairie, qui les met en circulation.

Je traiterai sous ces différentes divisions des causes qui, sous l'ancien gouvernement, s'opposèrent en France aux progrès du commerce des livres, et de celles qui aujourd'hui contribuent à le rendre improductif pour l'Etat, et ruineux pour ceux qui s'y livrent.

Je terminerai par un Projet de Réglement pour les Auteurs, les Imprimeurs et les Libraires.

Des auteurs et de leurs productions, etc.

On appelle auteur, celui qui donne l'existence à un livre. A n'écouter que la raison et l'équité, le livre que l'auteur a créé est sans doute un bien qui lui appartient, et dont il a seul le droit de disposer, comme les autres citoyens disposent des choses qui leur appartiennent. Cependant, qu'on parcoure le recueil des lois qui ont successivement régi la littérature et la librairie, aucune n'a reconnu la propriété des auteurs : s'ils jouissaient de leurs productions, ce n'était point à titre de propriétaires, mais seulement en vertu de lettres du prince, que l'on appelait priviléges.

L'usage de ces priviléges est très-ancien, car on en connaît qui datent d'une époque assez rapprochée de celle où l'imprimerie commença à être exercée en France. Il paraît qu'ils furent accordés pour arrêter l'abus qui s'était déjà introduit parmi les imprimeurs qui, achetant un seul exemplaire des éditions avouées, se permettaient de les multiplier (ou contrefaire), au préjudice des auteurs, glossateurs, traducteurs, etc.

On en accorda*, en 1507, pour les *Epitres de S. Paul*, traduites 300 ans auparavant par Desmoulins, et glosées par un moine Augustin ; en 1508, pour les *Ouvrages de S. Bruno* ; en 1509, pour l'impression de *Major in Sententias* ; en 1511, pour la *Chronique de Sigibert* ; en 1518, pour les *Oeuvres d'Ange Politien*.

Ces priviléges étaient d'une durée très-courte.

En 1552, sur la réclamation d'Erasme, qui se plaignit fortement des contrefacteurs, les auteurs furent exclusivement autorisés à faire imprimer leurs ouvrages, et à les faire vendre aussi exclusivement pendant *deux ans* après l'impression.

Ce terme fut ensuite porté à six, huit et dix années.

Les lettres-patentes du 27 décembre 1627 autorisèrent de nouveau l'usage de ces priviléges, dont la durée resta toujours dépendante de la volonté du prince. En 1643, Mezeray et le docteur Arnaud, qui furent très-favorisés, obtinrent chacun un privilége pour vingt années.

Les réglemens de 1686 et 1723 en consacrèrent encore l'usage, mais toujours sans leur donner une durée commune. Aussi beaucoup d'auteurs n'en obtinrent-ils que pour dix ans, et quelques autres pour un temps beaucoup plus long. Celui de Buffon, accordé pour vingt ans en 1768, fut en 1779 étendu à quarante.

L'arrêt du conseil du 30 août 1777 suivit la marche tracée par les anciens édits et réglemens. Cependant il parut améliorer le sort des auteurs, toutefois sans les reconnaître comme propriétaires.

Par l'art. 3, « les priviléges qui devaient être accor-» dés à l'avenir (aux libraires ou imprimeurs) pour » imprimer des livres nouveaux, ne pouvaient être » d'une durée moindre que de dix années ».

L'art. 4 portait : « Ceux qui auront obtenu des privi-» léges, en jouiront non-seulement pendant tout le tems » qui y sera porté, mais encore pendant la vie des au-» teurs, en cas que ceux-ci survivent à l'expiration du » privilége.

Art. 5. « Tout auteur qui obtiendra en son nom le » privilége de son ouvrage, aura le droit de le vendre » chez lui, sans qu'il puisse, sous aucun prétexte, ven-» dre ou négocier d'autres livres; il jouira de son privi-» lége, *pour lui et ses hoirs, à perpétuité,* pourvu qu'il » ne le rétrocède à aucun libraire; auquel cas la durée » du privilége sera, par le fait seul de la cession, réduite » à celle de la vie de l'auteur ».

Cet arrêt du 30 août 1777 formait à lui seul, avant la révolution, la jurisprudence relative aux auteurs, en ce qui concernait leurs productions. Mais depuis, c'est-à-dire le 19 juillet 1793, la convention nationale a rendu une loi sur le même sujet. Cette loi favorise-t-elle davantage les auteurs? Est-elle appuyée sur des principes plus équitables? Non. Il est vrai qu'elle daigne les qualifier de propriétaires; mais deux lignes plus bas, elle porte outrage à leur propriété.

Cette loi, et l'article unique de celle du 25 prairial an 3, étant les seules qui régissent depuis 13 ans la littérature, je vais les rapporter en leur entier.

Du 19 juillet 1793.— Art. 1. « Les auteurs d'écrits en tout genre, les compositeurs de musique, les peintres et dessinateurs qui feront graver des tableaux ou dessins, jouiront durant leur vie entière du droit exclusif de vendre, faire vendre, distribuer leurs ouvrages dans le territoire de la république, et d'en céder la propriété en tout ou en partie.

2. « Leurs héritiers ou cessionnaires jouiront du même droit durant l'espace de dix ans après la mort des auteurs.

3. « Les officiers de paix seront tenus de faire confisquer, à la réquisition et au profit des auteurs, compositeurs, peintres ou dessinateurs, et autres, leurs héritiers ou cessionnaires, tous les exemplaires des éditions imprimées ou gravées sans la permission formelle et par écrit des auteurs.

4. « Tout contrefacteur sera tenu de payer au véritable propriétaire une somme équivalente au prix de trois mille exemplaires de l'édition originale.

5. « Tout débitant d'édition contrefaite, s'il n'est pas reconnu contrefacteur, sera tenu de payer au véritable propriétaire une somme équivalente au prix de cinq cents exemplaires de l'édition originale.

6. « Tout citoyen qui mettra au jour un ouvrage, soit de littérature ou de gravure, dans quelque genre que ce soit, sera obligé d'en déposer deux exemplaires à la bibliothèque nationale ou au cabinet des estampes de la république, dont il recevra un reçu signé par le bibliothécaire, faute de quoi il ne pourra être admis en justice pour la poursuite des contrefacteurs.

7. « Les héritiers de l'auteur d'un ouvrage de littérature ou de gravure ou de toute autre production de l'esprit ou du génie qui appartienne aux beaux-arts, en auront la propriété exclusive pendant dix années.

Du 25 *prairial an* 3. (*Bulletin* 155, *n°*. 916).— « Les fonctions attribuées aux *officiers de paix* par la loi du 19 juillet 1793, seront à l'avenir exercées par les *commissaires de police*, et par les *juges de paix* dans les lieux où il n'y a point de commissaires de police ».

On voit que la loi du 19 juillet 1793 a empiré la condition des auteurs. Par l'arrêt du 30 août 1777, qui ne les qualifiait pas de propriétaires, en cas de nonaliénation les prérogatives de la propriété leur étaient acquises; leur propriété devenait dans ce cas une propriété parfaite; elle était transmissible à leurs hoirs à perpétuité. La loi nouvelle leur donne le mot, et elle leur enlève la chose!

Ici une réflexion se présente naturellement. La propriété de la pensée, celle que donne le savoir ou le génie, est la propriété la plus personnelle, la plus directe, la plus honorablement acquise : et cependant elle est la seule qui ne soit pas indéfinie! Eh quoi! l'homme qui, par de longues méditations, par des voyages pénibles et dispendieux, par des expériences hardies et souvent dangereuses, par des conceptions sublimes et que la postérité ne cessera d'admirer, aura agrandi le cercle des connaissances humaines, n'a jamais pu obtenir que ses propriétés fussent respectées; jamais en France on n'a voulu reconnaître en principe qu'elles sont transmissibles, comme le sont toutes les autres espèces de propriétés. Si une seule loi qualifie l'auteur de propriétaire, par une contradiction, par une ironie sanglante, elle le traite en usufruitier. Elle exproprie cet homme de génie dont le domaine honorable fut créé sans qu'il en coûtât une seule larme; ce savant, ce moraliste respectable, dont les écrits consolèrent, secoururent, éclairèrent l'humanité! Dix ans après leur mort, leurs veuves, leurs enfans périront de misère, tandis que des spéculateurs qui leur seront étrangers, aussi ingrats que la loi, s'enrichiront en exploitant le domaine fertile qu'ils auront créé *.

Voilà l'avenir désespérant que l'ancienne législation présentait aux auteurs, et que la loi du 19 juillet 1793 a consacré de nouveau! Il faut l'avouer, le principe spoliateur sur lequel cette loi est appuyée n'a pas dû contribuer beaucoup à la faire respecter : on ne peut avoir grande opinion d'une propriété que le législateur lui-même a morcelée.

* On peut avancer que depuis la mort de Racine et de Corneille on a fabriqué et vendu pour cinq à six millions de leurs ouvrages; et leurs héritiers n'ont pas retiré un écu de cette vente considérable.

L'opinion publique est-elle aujourd'hui plus favorable aux auteurs? Seront-ils enfin assimilés aux autres propriétaires?

Il a été publié depuis trois ans quelques idées à ce sujet ; différens Projets ont été faits : les uns et les autres, il faut le dire avec regret, anéantissent l'espérance d'un meilleur sort. L'un d'eux sur-tout a fixé plus particulièrement mon attention *.

* Indépendamment de ce Projet, dont je n'ai pas l'honneur de connaître l'auteur, il faut citer l'*Essai de M. Goujon* sur les propriétés littéraires ; le *Mémoire de M. Stoupe* sur le rétablissement de la communauté des imprimeurs ; les *Idées générales de M. Jacob l'aîné*, d'Orléans, sur les causes de l'anéantissement de l'imprimerie. Mais, ou ces ouvrages ne parlent pas de la propriété littéraire, ou en font mention pour solliciter le gouvernement de sanctionner la spoliation des auteurs.

Il n'en faut pas dire autant de quelques idées sur ce sujet insérées il y a près de trois ans dans le *Journal de Paris*, par M. Blain de Sainmore. Elles sont appuyées sur des principes d'équité, d'autant plus dignes d'éloges, que l'ancienne législation et les idées nouvelles sur cette matière s'en écartent davantage. Si je traite ce sujet après tant de personnes recommandables, ce n'est pas pour critiquer leurs ouvrages; je tâche d'ajouter, par mes faibles connaissances, aux lumières que le gouvernement a recueillies déjà sur ce sujet, beaucoup plus important qu'on ne se l'imagine en général.

Il s'agit en effet de l'existence des auteurs ; de la prospérité ou de l'anéantissement d'un commerce considérable, où tout est bénéfice pour les nationaux ; d'un commerce vingt fois affligé par des catastrophes, résultat nécessaire de chances défavorables qui lui sont particulières (comme je le démontrerai plus bas), et de réglemens sans raison, fondés sur des principes spoliateurs, et insuffisans d'ailleurs pour garantir le mince usufruit qu'ils accordaient aux propriétaires. Je vois que le gouvernement est sollicité de sanctionner une grande injustice dont le commerce français sera victime, et je me croirais coupable, si je gardais le silence sur un sujet que je connais et sur une branche d'industrie que j'ai exploitée.

Que les auteurs des différens Projets consultent des personnes honnêtes, des libraires qui ne soient point redevables de leur fortune au commerce des contrefaçons, commerce criminel, qui ruine les auteurs, étouffe le génie, tue l'industrie, anéantit le véritable commerce, et classe les libraires de France sous deux grandes divisions, les voleurs et

Voici le texte des articles fondamentaux du Titre 3 de ce Projet, intitulé *de la Garantie de la* PROPRIÉTÉ *littéraire.*

« Art. 1. Les auteurs d'écrits en tous genres, les » compositeurs de musique de toute espèce, les pein- » tres, dessinateurs, architectes ou géographes, qui font » graver des tableaux, dessins, plans ou cartes, les » sculpteurs qui font mouler leurs ouvrages, jouissent » pendant leur vie entière du droit exclusif de vendre, » faire vendre ou débiter leurs ouvrages dans toute » l'étendue du territoire français.

» Art. 2. Après leur mort, le même droit appar- » tiendra, pendant leur vie : 1°. aux veuves *non rema-* » *riées*; 2°. aux enfans de l'auteur; 3°. aux héritiers ou » cessionnaires, si l'ouvrage qu'ils publient est inédit » ou posthume.

» Art. 3. Les ouvrages dramatiques étant, *sous tous* » *les rapports, la propriété des auteurs*, ne peuvent » être représentés sans leur consentement par écrit, ou » celui de leur fondé de pouvoir, duquel consente- » ment la représentation peut être requise à la dili- » gence de l'auteur ou de ses représentans, par tout » officier de police, huissier ou notaire, lorsqu'une » pièce est représentée ou affichée.

» Art. 4. Lorsque le tems pendant lequel les auteurs,

les volés, c'est-à-dire, les riches et les pauvres!... les consciences seront éclairées; l'équité tracera la marche à suivre, et la main du fisc s'arrêtera avec un respect religieux devant les propriétés des auteurs : si le législateur s'occupe de la librairie, ce sera pour prévenir, pour punir la licence de la presse, et pour faire subir aux contrefacteurs la peine due au crime.

Alors, seulement alors, la probité deviendra générale parmi les libraires; et le commerce des livres fabriqués en France, appuyé sur une base aussi respectable, et prodigieusement étendu, contribuera à rendre l'empire florissant; et le monde littéraire, humilié, ulcéré par le mépris que les anciens édits avaient attaché à ses propriétés, bénira le gouvernement équitable, qui, en l'assimilant aux autres propriétaires, l'aura arraché à l'infortune, et entouré de la considération qu'il mérite.

» éditeurs ou propriétaires doivent jouir de la *propriété* » exclusive de leurs ouvrages, aux termes de l'article précédent, sera expiré, leurs droits appartiendront à l'*Etat*.

» Art. 5. En conséquence, il sera nommé par Nous, » sur la présentation de notre ministre de l'intérieur, » un commissaire chargé de conserver et faire valoir » ces droits, et d'en recueillir les produits, selon les » formes qui seront réglées par un réglement particulier ».

On a vu que, par l'article 5 de l'arrêt du 30 août 1777, l'auteur jouissait de son privilége *pour lui et ses hoirs à perpétuité*, pourvu qu'il ne le rétrocédât à aucun libraire : c'était un grand pas vers l'équité. Le projet rétrograde ; et par une contradiction inconcevable, d'une part il reconnaît que les productions littéraires sont la *propriété* de l'auteur, et de l'autre il en fait un *usufruit*, qui doit s'éteindre à la mort de ses enfans, et dont *sa veuve* elle-même doit être frustrée, *si elle se remarie*.

Suivant le même arrêt, et la loi du 19 juillet 1793, lorsque *l'usufruit* des auteurs (ou de leurs cessionnaires) était éteint, leurs productions entraient dans le domaine public. Tous les libraires indistinctement pouvaient les faire réimprimer, en demandant (suivant l'article 6 de l'arrêt) une permission qui ne pouvait être refusée. Suivant la loi de 1793, aucune formalité n'est nécessaire pour faire cette réimpression.

Par le Projet, toutes les productions littéraires sont dans le fait la propriété du gouvernement ; il en accorde l'usufruit à l'auteur, à ses enfans, à sa veuve, dans certain cas. Les usufruitiers morts, il entre en jouissance de cette propriété ; il en recueille les produits exclusivement.

Quels motifs ont pu déterminer l'auteur du Projet à adopter cette disposition ?

Les articles 6 et 7 du même Titre nous l'apprennent.

« Art. 6. Le produit (des droits des auteurs) en sera » versé à la caisse d'amortissement, placé en rente » sur l'Etat, et affecté exclusivement et limitativement,

» sans pouvoir jamais être détourné à autre effet, à des » pensions en faveur des auteurs, sculpteurs, graveurs, » peintres, architectes et géographes, ou de leurs » veuves et enfans orphelins, à des récompenses an» nuelles aux auteurs les plus utiles, ou à d'autres en» couragemens littéraires.

» Art. 7. Notre directeur-général de la caisse d'a» mortissement adressera, chaque année, l'état de si» tuation de ce produit à notre ministre de l'intérieur, » qui soumettra à notre approbation un tableau pour » l'emploi projeté desdites rentes ».

Sans doute c'est une idée bien louable que celle de ne pas laisser dans l'infortune des familles recommandables et qui ont bien servi l'Etat, et de prévenir la misère dans laquelle elles pourraient se trouver : le but de l'auteur est bien aussi celui que je me propose. Mais on ne persuadera jamais à un homme raisonnable que, pour assurer à qui que ce soit la jouissance de sa propriété, il faille lui enlever cette jouissance ; et qu'il soit indispensable de mettre en tutelle des gens qui ont toute leur raison. A quoi bon ces embarras de comptabilité, d'administration, cette espèce de communauté entre toutes les personnes qui professent la littérature et les arts, entre toute leurs familles? Pourquoi prendre de longs détours, à travers des sentiers difficiles, tandis qu'il existe une route bien droite, bien unie? Vous voulez, dites-vous, assurer aux auteurs et aux artistes, la récompense de leurs conceptions, de leurs travaux; vous voulez que cette récompense reflue sur leurs familles! Eh bien, déclarez que leurs propriétés sont inviolables et transmissibles comme toutes les autres! La récompense sera proportionnée au mérite des propriétés. L'appréciateur sera le public, juge toujours intègre, impartial, désintéressé ; ce public qui, abusé, poussé par des coteries, a bien pu quelquefois dédaigner ou siffler des chefs-d'œuvre, mais qui a toujours fini par leur rendre justice et les admirer. Mais, tandis que les auteurs doivent obtenir de l'équité la récompense de leurs travaux, gardez-vous bien de la faire dépendre des sollicitations ou de la faveur : car alors il n'y aurait plus d'autre émulation que celle de l'intrigue.

On voit que le Projet rend la situation des auteurs et de la librairie plus dure qu'elle ne l'était sous l'ancienne législation.

La jurisprudence relative aux auteurs a été, comme on l'a vu, de tems immémorial, appuyée sur des idées plus ou moins extraordinaires, sur des principes plus ou moins spoliateurs. Aujourd'hui encore, on propose de consacrer de nouveau ces principes.

Les personnes qui regardent la pensée comme la propriété des auteurs, s'abuseraient-elles? Ne serait-ce véritablement qu'un usufruit?

C'est ce qu'il faut examiner.

« La propriété est le droit de jouir et disposer des » choses de la manière la plus absolue, pourvu qu'on » n'en fasse pas un usage prohibé par les lois ou par les » réglemens ».

La propriété se compose des choses qui ont été transmises par donation, par succession, prescription, accession, etc. etc., de celles que l'on a achetées ou créées.

On ne niera pas sans doute que ce ne soit l'auteur qui donne l'existence au livre : car il est certain qu'il n'y aurait pas de livres, s'il n'y avait pas d'auteurs : et il y avait des auteurs avant qu'il y eût des imprimeurs et des libraires. L'auteur peut être comparé au propriétaire d'un terrain sur lequel un architecte envoie des matériaux et des ouvriers et fait élever une maison. Tant que le propriétaire n'a pas aliéné ce terrain, il lui appartient; et l'architecte qui, dans ce cas, dirait : *il est à moi!* ne ferait pas preuve de raison.

Il en est de même du libraire : s'il n'a pas acheté la propriété du livre, ce n'est pas lui, c'est l'auteur qui en est propriétaire; il n'a pas le droit de bâtir sur le terrain de ce dernier, si ce dernier n'y a pas consenti.

Il est donc incontestable que l'auteur est propriétaire de l'ouvrage auquel il a donné l'existence, et qu'il a seul le droit d'en disposer, comme tous les autres citoyens disposent des choses dont ils sont propriétaires : sa propriété doit passer à ses descendans.

Pourrait-il exister des considérations commerciales assez fortes, des raisons d'intérêt public assez puissantes, pour commander la spoliation scandaleuse des auteurs, pour forcer à saper une des bases principales sur lesquelles s'appuie tout corps politique, je veux dire le respect pour les propriétés?

Examinons les motifs contenus dans le préambule de l'arrêt du conseil du 30 août 1777, portant réglement sur la durée des priviléges en librairie. C'est, à ma connaissance, le seul acte qui motive la spoliation des auteurs.

« La perfection de l'ouvrage, dit ce préambule, exige » qu'on en laisse jouir le libraire pendant la vie de » l'auteur avec lequel il a traité; mais accorder un plus » long terme, ce serait consacrer le monopole, en ren» dant le libraire le seul arbitre à toujours du prix d'un » livre ».

Il est certain que le libraire qui a acheté un manuscrit doit avoir dans la vente un désavantage immense, relativement au libraire qui n'a rien payé pour le manuscrit: car il faut bien qu'il soit indemnisé de ce qu'il lui en a coûté pour l'acquérir. Mais toutefois il n'en faut pas conclure que le livre sera vendu au dessus de sa valeur. Le prix n'en dépendra-t-il pas toujours du plus ou du moins de mérite de l'ouvrage, des besoins du libraire, des chances inséparables du commerce? Si le libraire porte son livre trop haut, on ne l'achetera pas; et son intérêt lui commandera d'en diminuer le prix. D'ailleurs, achète qui veut: les livres chers sont des articles de luxe plutôt que de nécessité; tous ceux qui sont du ressort de l'éducation sont à bon marché, parce qu'ils font partie du domaine public, et parce que le débit en étant rapide, les éditeurs se contentent d'un plus léger bénéfice. Et si l'on veut faire attention que tout ce qui fait partie de la fabrication des livres est le produit du sol ou de l'industrie nationale, et que le commerce qui s'en fait à l'étranger est tout à l'avantage de la France, on conviendra que la cherté des livres, si elle devoit se faire sentir (ce que je suis éloigné de penser cependant), loin d'être un malheur, augmenterait les bénéfices que la France retire de ce commerce. Un seul libraire de Madrid (Sancha) avait pour 1 million et demi de souscriptions à l'Encyclopédie. Si cet ouvrage avait été imprimé comme le sont ceux du domaine public, c'est-à-dire, sur du papier gris, en petit format, en caractères illisibles, le libraire de Madrid en aurait eu autant d'exemplaires pour le quart de la somme qu'il a fait entrer en France : il y a plus, il est à penser qu'il n'en aurait pas acheté un aussi grand nombre, parce que, dans certains pays, et particulièrement en Espagne, on recherche les livres de luxe, et on fait peu de cas des autres.

2°. « Ce seroit enfin laisser subsister la source des » abus et des contrefaçons, en refusant aux imprimeurs » de province un moyen légitime d'employer leurs » presses ».

C'est comme si le gouvernement disait : la maison que vous avez fait bâtir sur un terrain qui vous appartenait est trop grande pour vous : je sais que vous pourriez tirer un revenu de la partie de cette maison que vous n'habitez pas; mais je vous en ôte le droit, parce que j'en ai la puissance, et je veux que vous fassiez donation de cette partie que vous n'occupez pas par vous-même, et à votre confrère de Liége, et à votre confrère de Genève, et à votre confrère de Lyon, parce qu'ils n'ont pas les moyens ou la volonté de faire bâtir des maisons. Autant vaudrait que le gouvernement soutînt qu'il a le droit de s'emparer de toutes les propriétés ; parce qu'il en a la puissance.

3°. « Sa Majesté a pensé qu'une jouissance limitée, » mais certaine, est préférable à une jouissance indé- » finie, mais illusoire ».

Et pourquoi illusoire ! parce que vous ne voulez pas la garantir. Je ne sais pas dans quel état la révolution et les guerres ont placé la librairie en Hollande, en Italie, en Allemagne. Mais je sais qu'auparavant, en Hollande, par exemple, il n'y avait point de contrefaçons de livres hollandais ; d'une part, parce qu'on n'y accordait point de privilèges pour imprimer, qu'on n'eût envoyé à tous les libraires le titre du livre pour lequel il était demandé, et que si la propriété en était réclamée et prouvée, celui qui en avait fait la demande était puni ; de l'autre, parce que quiconque aurait osé y imprimer un livre sans privilége ou permission, aurait été passible de peines corporelles. Je sais que dans aucun état de l'Allemagne on ne souffrait les contrefaçons, même celles fabriquées chez un autre prince; je sais qu'en Italie jamais la contrefaçon n'était tolérée dans le même état, et qu'elle n'y était même pas connue; je sais qu'en Angleterre, en Ecosse, en Irlande, il est inoui qu'un imprimeur contrefasse l'ouvrage d'un autre : il est vrai que la contrefaçon y est assimilée au vol, et que le contrefacteur serait pendu. Que l'expérience de nos voisins nous soit profitable ! Fesons une bonne loi contre les contrefacteurs, et la jouissance des propriétés littéraires sera indefinie, et ne sera point illusoire.

4°. « Qu'un pareil réglement ferait l'avantage du pu-» blic, qui doit en espérer que les livres tomberont à » une valeur proportionnée aux facultés de ceux qui » veulent se les procurer ».

C'est-à-dire que parce qu'il se trouve des personnes qui ont des goûts ou des besoins que leurs facultés ne leur permettent pas de satisfaire, il faut réduire les gens qui fabriquent les objets de ces goûts, à la nécessité de les donner à un prix inférieur à leur valeur. On privera les auteurs de leur salaire; on les forcera d'en faire cadeau à leurs lecteurs, parce que ces derniers auront le désir et n'auront pas les moyens de se procurer leurs ouvrages. Les livres sont trop chers, dit-on. Il est vrai que le fabricant de draps, par exemple, qui n'emploierait que des laines qu'il aurait volées, pourrait donner ses draps à meilleur compte que ceux des fabricans qui n'emploient que des laines qu'ils achètent? Mais serait-ce une raison suffisante pour autoriser ses vols ?

5°. « Qu'il serait favorable aux gens de lettres, qui » pourront, après un tems donné, faire des notes et des » commentaires sur un auteur, sans que personne » puisse leur contester le droit de faire imprimer le texte ».

Eh! mon dieu! laissez aux propriétaires le soin de faire valoir leurs propriétés ! Il doit suffire à l'administration publique, qu'ils n'en abusent pas (Cod. civ., art. 544). Croit-on que l'intérêt particulier ne soit pas aussi puissant chez les propriétaires de livres que chez les autres? S'il jugent que des notes, des commentaires, etc., amélioreront leurs propriétés, en faciliteront le débit; soyez sans inquiétude, ils ne manqueront pas d'en faire; et il ne sera pas nécessaire, pour les y déterminer, de les mettre dans la position d'un homme que l'on forcerait à vendre son patrimoine à son voisin, parce qu'il serait entré dans la tête de ce voisin d'y faire des embellissemens.

6°. « Qu'enfin ce réglement serait d'autant plus utile, » qu'il ne pourrait qu'augmenter l'activité du com» merce, et exciter entre tous les imprimeurs une ému» lation favorable au progrès et à la perfection de leur » art ».

Il faut répondre à ce considérant, par l'effet qu'il a produit. A-t-il, comme s'en étaient flattés les rédacteurs de l'arrêt, excité une émulation favorable à la perfection de l'art? Non : il a établi une concurrence qui a déshonoré l'art, et il ne pouvait en être autrement. Par l'article 6 de l'arrêt, conséquence du considérant, tous les libraires et imprimeurs pouvaient, après l'expiration des privilèges, et la mort des auteurs, obtenir des permissions pour réimprimer leurs ouvrages, *sans que la même permission, accordée à un ou plusieurs, pût empêcher aucun autre d'en obtenir de semblables.* Beaucoup de ces permissions ont donc été demandées et obtenues. Une concurrence considérable s'est établie. Alors il n'a plus été question de faire *bien*, mais de faire *au meilleur marché possible.* Si l'édition originale bien confectionnée revenait à l'éditeur à 40 fr., le libraire de Lyon en a fait une sur du papier inférieur, en caractères plus petits, sur un format plus raccourci; elle a fourmillé d'incorrections; il a économisé sur la main-d'œuvre et sur les fournitures, et son édition s'est trouvée établie à 25 fr. Les libraires de plusieurs autres provinces ont économisé davantage encore : ils ont fabriqué plus mal, et ils ont pu donner à meilleur marché que celui de Lyon. Sont venus ensuite en concurrence les marchands de livres de Troyes, de Limoges, de Montpellier, qui fabriquant les éditions de nos bons auteurs avec ce goût et cet art qui distinguent et la *Bibliothèque bleue* et les Almanachs de Mathieu Lansberg, ont pu répandre dans le commerce leurs éditions au plus vil prix. Une concurrence fatale, et dans laquelle l'art a été compté

compté pour rien, s'est établie : le public a été empoisonné d'éditions que l'épicier lui-même a dédaignées, tant le papier en étoit mauvais! l'art a été deshonoré; le libraire de Paris a été ruiné; celui de Lyon a vu décroître sa fortune; et la confiance, plus nécessaire encore dans le commerce des livres que dans tous les autres, s'est trouvé éteinte. Cet état, dans lequel la révolution a trouvé la librairie n'a fait qu'empirer depuis, au milieu de l'anarchie qui le désole.

Que conclure de tout ce qui vient d'être dit?

1°. Que la propriété des auteurs, la propriété de la pensée, doit être garantie et inviolablement respectée, comme le sont toutes les autres propriétés; c'est le second effet qui doit résulter du contrat social passé entre le souverain et ses sujets : le premier effet est la sûreté des personnes;

2°. Que l'intérêt de l'art et celui du commerce commandent ce respect inviolable.

On objectera peut-être qu'il est possible que le public soit, par la suite, privé d'un bon ouvrage, par l'insouciance des héritiers de l'auteur.

A cela je réponds que l'intérêt particulier, si puissant chez tous les hommes, s'oppose à une pareille supposition : autant vaudrait admettre que le propriétaire d'un domaine fertile ne le fera pas exploiter. Mais cette circonstance dût-elle se présenter, je soutiens qu'il est préférable de laisser subsister un léger inconvénient que de détruire un principe fondamental : on ne fait pas abattre une bonne maison, parce qu'il y a dans cette maison une cheminée qui fume.

Examinons actuellement si des raisons de sûreté publique s'opposent à l'admission du principe qui doit faire de la propriété des auteurs une propriété de droit.

La production d'un auteur est ou dangereuse ou utile.

Dans aucun tems, et sous aucun gouvernement, les livres portant atteinte aux bonnes mœurs, à la sûreté publique ou particulière, à l'honneur des gouvernemens ou des particuliers, n'ont été tolérés. Et empêcher de pareilles productions de voir le jour, ce n'est point porter atteinte à la propriété : car la propriété, suivant le Code civil, est le droit de jouir et disposer des choses de la manière la plus absolue, *pourvu qu'on n'en fasse pas un usage prohibé par les lois ou par les réglemens.* Or, les lois et les réglemens prononcent des peines contre les atteintes portées à la morale, contre la calomnie, contre la licence.

Il ne s'agit donc point ici des livres dangereux : car les lois ne peuvent connaître des productions criminelles, que pour prononcer des peines contre ceux qui en sont les auteurs.

Il n'est question que des productions utiles.

L'essentiel n'est-il pas que de pareilles productions soient publiées ? Et si les gouvernemens jugent à propos d'en autoriser la publication pendant un tems limité quelconque, quelle raison peut s'opposer à ce que la durée de cette autorisation soit illimitée ? Quel danger y a-t-il à laisser la jouissance d'une propriété à celui qui en est réellement le propriétaire ? Où est la nécessité de l'en priver pour la concéder à un autre ? Quoi ! on enlevera à mes héritiers la maison que j'aurai élevée sur mon terrain, pour en gratifier des étrangers ! J'aurai, par mon industrie, par mes talens, au prix de ma santé et de mon patrimoine, réussi à créer un domaine utile, que l'autorité m'aura autorisé à faire valoir ; et peu de tems après, par un renversement d'idées et de principes inconcevable, un autre entrera en jouissance de ce domaine, et en recueillera les fruits ! En composant un ouvrage d'un utilité avouée par l'autorité elle-même, ai-je donc démérité ? Ai-je commis un crime qui emporte avec lui la peine de la confiscation ? Autant voudrait faire la supposition criminelle que les gouvernemens ont intérêt à opérer la ruine des hommes industrieux, à bouleverser les fortunes, à réduire à la misère et au désespoir les citoyens les plus recommandables, ceux qui rendent les plus grands services, puisqu'ils éclairent leurs semblables.

Mais n'est-il pas incontestable, au contraire, que là où les citoyens sont dans la misère, le gouvernement est malheureux : que là où il n'y a point de bonheur privé, il n'y a point de bonheur public ; que le gouvernement qui protège le plus les personnes et les propriétés est le plus révéré, le mieux servi ; et que l'amour des peuples pour le prince augmente ou diminue, en raison du plus ou du moins de bonheur dont ils jouissent?

Je me résume.

Le respect inviolable que l'on doit avoir pour les principes qui composent la basé fondamentale des sociétés; la considération particulière que méritent les auteurs; l'intérêt de l'art qui multiplie leurs productions; l'intérêt du commerce, et l'intérêt du gouvernement, se réunissent pour faire consacrer ce principe, *que les propriétés littéraires sont indéfinies et transmissibles, comme toutes les autres propriétés.*

Des contrefaçons.

En termes de librairie, on appelle contre-façon le genre de délit dont se rend coupable celui qui imprime un livre au préjudice de l'auteur ou du libraire qui en a la propriété.

Que la propriété des auteurs soit indéfinie, ou qu'elle soit limitée, la contrefaçon est un vol. C'est le vol d'une chose confiée à la foi publique, et celui qui s'en rend coupable commet un plus grand crime que ne le serait celui d'un homme qui s'introduirait dans une maison pour en enlever les meilleurs effets : car on peut inculper de négligence celui qui laisse entrer un voleur dans sa maison.

Le tort que la contrefaçon en libraire fait à l'auteur, au libraire propriétaire, et au gouvernement, est incalculable. On en va juger.

Le propriétaire d'un manuscrit (auteur ou libraire acquéreur) le fait imprimer.

S'il est mauvais ; il reste invendu,

Et le propriétaire perd.

S'il est bon, et que le contrefacteur s'en empare (ce qui, dans l'état actuel des choses, est inévitable),

Le propriétaire perd encore.

Le propriétaire a fait une belle et bonne édition ;

très-rarement il a pu la faire ailleurs qu'à Paris, parce que Paris est, à quelques exceptions près, le lieu où résident les gens de lettres, les dessinateurs, les graveurs, et autres artistes qui concourent à la perfection des livres. Il a dépensé beaucoup, d'abord parce que le papier et la main-d'œuvre sont plus chers à Paris que dans les départemens; ensuite parce que l'impression d'un manuscrit entraîne des frais extraordinaires résultans des corrections que ne manque pas de faire un auteur pour rendre son ouvrage digne du public qui va le juger.

Le contrefacteur n'a point de manuscrit à payer, point de frais extraordinaires à supporter, point de retards nuisibles à éprouver; il économise par-conséquent à-peu-près moitié sur la fabrication, s'il emploie le format et les caractères de l'édition originale, sur-tout s'il a eu soin de se placer dans le pays où les matières premières et la main-d'œuvre sont au meilleur marché. Ce n'est pas tout: à ces avantages prodigieux le pirate en réunit un autre bien autrement productif encore. Si l'édition originale se compose, par exemple, de cinq volumes in-8°., et se vend vingt francs, il fait sa contrefaçon en huit petits volumes; ils sont pour le moins in-18; les caractères sont les plus petits possible; ils sont soigneusement rapprochés; les blancs sont supprimés, les marges presqu'invisibles; il se dispense d'y mettre des gravures; son édition n'a ni goût, ni grâce, ni correction, mais enfin tout y est *; et il peut, en

* Je m'avance trop, lorsque je dis que *tout y est*. On a vu de ces contrefacteurs qui font des livres à *tant* le mètre et à *tant* la toise, supprimer une partie des ouvrages, lorsque l'étoffe étoit trop abondante pour qu'elle pût entrer dans les dimensions qu'ils s'étaient prescrites; et on ne doit pas trouver extraordinaire que des gens qui vivaient de vols fussent scrupuleux, lorsque leur intérêt les sollicitait de tromper le public. Ainsi, dans l'*Histoire de la République Romaine*, ils supprimaient deux ou trois consulats; dans l'*Histoire d'Angleterre*, un ou deux règnes; ils rognaient le tiers ou le quart d'un discours académique. Spéculateurs barbares et déhontés, ils allaient de pair avec cet ignorant financier qui, regardant les livres comme des meubles ordinaires, plus ou moins précieux en raison du plus ou moins d'or dont la cou-

gagnant moitié, donner le tout pour quatre francs.

Qu'en résulte-t-il ? Les dangers des saisies, des confiscations et des amendes, s'évanouissent devant le bon marché : l'œuvre du contrefacteur a du débit, et l'édition originale reste dans le magasin. De nombreuses années s'écoulent avant que les deux mille exemplaires dont elle se compose soient entrés dans le commerce *; et quand cette époque si long-tems désirée arrive, le contrefacteur en a vendu quarante mille exemplaires : l'auteur est à l'hôpital; le libraire emprisonné pour dettes, et le pirate a gagné 80 mille francs; l'art se trouve déshonoré, et l'état a perdu, parce que les quatre mille exemplaires que, dans ce laps de tems, le propriétaire aurait placés chez l'étranger, et qui auraient fait entrer en France 80 mille francs, le contrefacteur les a fournis pour 16 mille.

Examinons quelles mesures, depuis l'introduction de l'imprimerie en France, on a prises pour arrêter le pillage des propriétés des auteurs, qui leur enlève le fruit de leurs travaux, qui ruine leurs cessionnaires, et désole le commerce national; quelle idée le gouvernement s'est successivement formée des contrefaçons, quelles peines il a portées contre les contrefacteurs. Parcourons le recueil des édits, des réglemens et des arrêts qui ont établi la jurisprudence de la librairie.

Il paraît que, dès l'origine de l'imprimerie, il y eut des contrefaçons : car en 1552 les auteurs se plaignaient déjà des imprimeurs qui achetaient un seul exemplaire de leurs ouvrages et ne se fesaient pas scrupule d'en faire

verture était chargée, fesait rogner ses in-folio, de trois ou quatre pouces, parce qu'ils étaient trop longs pour entrer dans sa bibliothèque d'acajou chargée de dorure.

* Il a été vendu, dans l'espace de 18 années, 1550 exemplaires seulement de l'édition originale de *Zélie dans le désert*, par Madame Daubenton. J'ai été chargé, il y a trois ans, de suivre les contrefacteurs de cet ouvrage. La quantité considérable d'éditions contrefaites que j'ai trouvées dans les départemens méridionaux seulement, m'autorise à avancer que, dans le même laps de tems, les contrefacteurs en ont fabriqué et vendu 60 à 80 mille exemplaires.

des éditions. Ces plaintes motivèrent les premiers édits qui furent rendus contre les contrefacteurs. Les peines furent légères dans l'origine : elles consistèrent dans la confiscation des exemplaires contrefaits, et dans une amende de 200 à 1500 fr. Une seule, prononcée par arrêt du conseil du 9 août 1664, contre Malassis et Lamotte, libraires à Rouen, s'éleva à 6000 livres, et par corps.

Un arrêt du Parlement du 26 février 1671 défendit à tous libraires ou imprimeurs de contrefaire ou vendre des livres contrefaits, sous peine de 1500 liv. d'amende contre les uns et les autres, et de confiscation des exemplaires. La peine de déchéance d'état avait aussi lieu contre ceux qui mettaient dans leurs contrefaçons le privilége et le nom du libraire auquel il avait été accordé.

Les contrefacteurs étaient même passibles de poursuites extraordinaires en certains cas.

L'insuffisance des lois dut enhardir considérablement les contrefacteurs, assurés, en se livrant à ces opérations criminelles, de ne courir, en cas de saisie, d'autre risque que celui de sacrifier une partie de leurs bénéfices.

Les recueils d'arrêts rendus de 1654 à 1682 sont remplis de condamnations portées contre les contrefacteurs, qui s'emparaient des mauvais ouvrages comme des bons, des *Méditations de Beuvelet* et des *Plaidoyers de Lemaistre*, du *Cyrano de Bergerac* et des *Pièces de Corneille*.

En 1682, on songea sérieusement à arrêter le désordre auquel la librairie étoit en proie depuis trente années : la contrefaçon fut regardée comme un vol; et le roi, par arrêt du conseil du 27 février, défendit aux libraires et imprimeurs de Lyon, et autres, de contrefaire les livres qui auraient été imprimés par d'autres avec privilége, sous peine de *punition corporelle*.

L'article 5 de l'édit du mois d'août 1686 défendait à tous imprimeurs et libraires de contrefaire les livres pour lesquels il aurait été accordé des priviléges, *de vendre et débiter ceux qui seraient contrefaits*, sous les peines portées par lesdits priviléges, qui ne pourraient être modérées ni diminuées par les juges; et en cas de récidive, les contrevenans devaient être *punis corporellement*, déchus de la maîtrise, etc., etc., etc.

L'article 109 du réglement du 28 février 1723 maintenait ces dispositions.

Arrêt du conseil du 22 février 1742 qui confirme les mêmes dispositions.

Mais un arrêt du conseil du 30 août 1777 vint changer la jurisprudence établie depuis un siècle. Les dispositions salutaires contre les contrefacteurs, soigneusement maintenues par l'illustre Daguesseau, firent place à d'autres qui eurent pour base ce même esprit d'iniquité que l'on remarqua dans l'arrêt rendu le même jour, portant réglement sur la durée des priviléges en librairie. Les contrefacteurs ne furent plus passibles de punitions corporelles : six mille livres d'amende, pour la première fois; la même amende et la déchéance d'état en cas de récidive, furent les seules peines prononcées contre les contrefacteurs. Et, qui le croirait? cet arrêt, acheté il est vrai par les voleurs, légitima tous les vols qu'ils avaient faits; ils furent faits propriétaires des objets qu'ils avaient volés, au préjudice des véritables propriétaires, qui n'obtinrent pas la plus légère indemnité.

Vint ensuite la loi du 19 juillet 1793. Cette loi rendue dans un tems où les principes de morale et d'équité étaient inconnus, ne définit point la contrefaçon, ne rétablit point contre les contrefacteurs les peines corporelles qui frappent les autres voleurs; elle prononce contre le contrefacteur la confiscation des exemplaires contrefaits, et une amende qui doit être du prix de 3000 exemplaires; et contre ses complices, seulement une amende équivalente au prix de 500 exemplaires.

Tant de peines plus ou moins sévères portées en France en différens tems, et presque dès l'origine de l'imprimerie, contre les contrefacteurs, attestent d'une part qu'ils n'ont cessé de désoler plus ou moins la librairie; de l'autre, que le gouvernement s'est occupé souvent et quelquefois très-sérieusement de les réprimer.

Cependant, il est vrai de dire que, sous l'empire du réglement de 1723, sévère puisqu'il rendait les contrefacteurs passibles de déchéance d'état et de peines corporelles ; la librairie était infectée de contrefaçons *.

Le mal n'a fait qu'augmenter depuis l'arrêt du conseil du 30 août 1777.

Il est devenu général sous le régime de la loi du 19 juillet 1793.

Est-ce à la désuétude des lois qu'il faut en assigner la cause ? Est-ce à leur insuffisance ? Porteraient-elles le germe du mépris des propriétés littéraires ?

C'est ce qu'il importe d'examiner.

On ne peut douter, après la lecture de l'arrêt du 30 août 1777, sur les contrefaçons, que le réglement de de 1723, fait d'abord pour la librairie et l'imprimerie de Paris, et rendu commun à toute la France, par arrêt du conseil du 24 mars 1744, ne fût tombé en désuétude depuis long-tems. Cette désuétude était la conséquence inévitable de certaines dispositions de ce réglement. Le chancelier Daguesseau qui en fut le rédacteur, en fit un chef-d'œuvre en ce qui concernait la police des ateliers et de l'imprimerie en général. Mais il avait trouvé les chambres syndicales, instituées long-tems auparavant, chargées de l'exécution des lois relatives à la librairie : le respect religieux que l'on porte souvent aux institutions anciennes l'arrêta ; il les maintint, et voilà la cause du mal dont parle l'arrêt de 1777.

Les chambres syndicales, sous l'empire du réglement de 1723, étaient au nombre de 18. Chacune d'elles était composée d'un syndic et de quatre adjoints pris parmi les imprimeurs et libraires *de la ville où elle était établie* ; tous les deux ans, on renouvelait le syndic, et tous les ans, deux adjoints étaient remplacés :

* J'en trouve la preuve dans le préambule de l'arrêt du 30 août 1777, sur les contrefaçons. Il y est dit :

« Et comme on a représenté au roi qu'il existait un grand » nombre de livres contrefaits antérieurement au présent ar- » rêt, et que ces livres formaient la fortune d'une grande » partie des libraires de provinces, qui n'avaient que cette » ressource pour satisfaire à leurs engagemens, Sa Majesté a » pensé qu'il était de sa bonté de relever les possesseurs des- » dites contrefaçons de la rigueur des peines portées par les » réglemens, et que cet acte d'indulgence à leur égard » serait pour l'avenir le gage de leur circonspection, etc. »

tous les libraires et imprimeurs de la ville étaient éligibles, excepté à Lyon, où il était défendu d'élire pour syndics ou adjoints aucune personne prévenue de contravention *. Il s'ensuivait que dans certaines villes, telles que Limoges, Rheims, Vitry, etc., par exemple, il y avait rarement assez d'imprimeurs et de libraires pour alterner. Ceux qui exerçaient la profession pouvaient être perpétuellement en place.

Ces chambres syndicales étaient spécialement chargées de visiter les imprimeries et magasins de livres situés dans leur ressort; de faire au moins une fois tous les trois mois la visite générale des imprimeries, et de dresser procès-verbal des ouvrages qui s'imprimaient; des apprentis, compagnons et ouvriers, du nombre de presses, et de la qualité et quantité des caractères, des malversations, etc. (Article 85 du règlement). Il leur était enjoint de faire toutes recherches et visites en toutes les villes et autres lieux du royaume, des *livres contrefaits*, libelles, etc. (Arrêts du conseil du 11 septembre 1665 et du 22 février 1742). Elles étaient chargées d'arrêter l'introduction en France des livres français, contrefaits, ou autres, imprimés à l'étranger; et à cet effet, il était défendu aux douanes de faire transporter les balles, balots, et caisses de livres, ailleurs qu'aux chambres syndicales (Arrêts du conseil du 25 mai 1723, du 10 juin 1735, du 31 octobre 1738, du 11 avril 1740, du 14 septembre 1741; jugement du lieutenant-général de police, du 23 juin 1742).

Il faut l'avouer, de pareilles attributions étaient une arme bien dangereuse, si l'on considère combien de passions haineuses peuvent agiter des gens du même métier, toujours jaloux les uns des autres, souvent rivaux, et quelquefois ennemis. Mais, d'autre part, elle était bien ridicule cette institution qui chargeait des libraires de saisir des libraires, des contrefacteurs de faire punir des contrefacteurs! Qu'en France, où les mousselines et les draps anglais sont prohibés, on supprime l'administration des douanes, et que les marchands de draps et de mousselines soient chargés de

* Arrêts du conseil du 23 mars 1705 et du 19 mai 1707.

saisir ces marchandises, pensera-t-on que ces derniers s'attacheront à les saisir, et ne préféreront pas s'enrichir en les vendant? Eh bien! voilà les chambres syndicales, qu'on paraît tant regretter aujourd'hui! Jamais elles ne saisissaient d'office; et si elles en étaient requises, lors même que le propriétaire avait sous les yeux la contrefaçon de son ouvrage, lors même qu'il mettait le doigt dessus, il ne pouvait s'en emparer *. Elle était bien malheureuse, il faut l'avenir, la condition de l'auteur qui, pour se procurer les preuves du délit qui le ruinait, était souvent forcé de s'adresser au coupable lui-même! Aussi est-ce dans les attributions des chambres syndicales qu'il faut chercher la source de ce déluge de contrefaçons dont la France était inondée avant l'arrêt de 1777. C'était les membres de ces chambres qui fabriquaient ou fesaient fabriquer les contrefaçons dans toutes les parties de la France, et sur-tout dans le midi; c'était eux qui, entraînés par le bon marché, fesaient introduire en France les ouvrages contrefaits à l'étranger, qu'ils étaient chargés de saisir. De-là tant d'établissemens pour la fabrication des livres français, faits chez l'étranger, en Hollande, à Deux-Ponts, à Bouillon, à Neuwied, à Lausanne, à Neufchâtel, à Genève, à Liége, à Avignon, à Trevoux, à Basle, et sur les frontières de l'Allemagne et de la Suisse; de-là les fortunes colossales des Marc-Mi-

* Quelques années avant la révolution, madame D*** libraire à Paris, fut instruite qu'un libraire de Lyon, Dup... n, avait fait faire une contrefaçon d'un ouvrage de jurisprudence considérable dont elle était propriétaire. Elle se transporte à Lyon, et quand elle s'est bien assurée du lieu où se trouve la contrefaçon, elle requiert la chambre syndicale de l'accompagner, pour en faire la saisie. Je crois que Dup... n en était membre. La chambre force madame D*** à consentir à remettre l'expédition au lendemain.

Dans la nuit, les balots sont transportés sur des bateaux amarrés au quai, et quand le jour a paru, madame D*** apprend cette circonstance. Elle requiert la chambre de saisir sur la Saône. La chambre prétend que sa juridiction ne s'étend pas sur les rivières : la contestation engagée pour gagner du tems est portée devant les autorités supérieures; et on profite de ce tems pour faire conduire la contrefaçon à Trevoux ou à Avignon.

chel Rey, des Arcitté et Mercus à Amsterdam; des Bassompierre, des Plomteux à Liége ; des Lefrancq, à Bruxelles; des Chambeau et des Jolly, à Avignon; des Pelley, à Genève; des J. J. Tourneisen, à Bâle, etc., etc.; fortunes faites au grand préjudice du commerce français, qui envoyait des écus, et qui auroit dû en recevoir. Et soit que les membres des chambres syndicales fabriquassent des contrefaçons, soit qu'ils en vendissent, il était impossible de les atteindre; leurs fonctions étaient pour eux une sauve-garde toujours respectée, un brevet d'impunité; et, comme je l'ai déjà dit, ces fonctions, dans les villes où le corps de la librairie était peu nombreux, étaient quelquefois perpétuelles.

Quand le libraire sans fortune, et non encore parvenu aux emplois honorifiques, vit tant de gens honorés, livrés au métier de contrefaire; tant d'énormes fortunes facilement amassées à ce métier, il cessa de respecter des réglemens scandaleusement enfreints par ceux-là même qui devaient les faire exécuter; il singea ses pairs pour s'enrichir comme eux : alors l'usage consacra le vol que les lois réprimaient; et il faut l'avouer, quoiqu'avec regret, *contrefacteur* et *libraire riche* devinrent presque synonimes.

Dans cet état de choses, il paraissait indispensable que l'autorité chargée du maintien des propriétés intervînt, et réprimât par une juste sévérité le pillage général dont les propriétés littéraires étaient l'objet. C'était, ou jamais, le cas de remettre en vigueur l'arrêt du 27 février 1682, qui, assimilant la contrefaçon au vol, prononçait des peines corporelles contre les contrefacteurs; de supprimer les chambres syndicales, institution prouvée vicieuse par l'expérience de plus d'un siècle, et de charger du maintien des lois protectrices de la propriété des auteurs une administration étrangère à la librairie.

On fit précisément le contraire; et soit qu'on ne voulût pas se donner la peine de faire une bonne loi, soit que la séduction s'en mêlât *, on suivit les anciens

* On reconnaît, dans les arrêts du 30 août 1777, l'esprit de la requête signée *Flusin*, avocat, présentée au roi peu de tems auparavant par le corps des libraires et imprimeurs de

erremens : les chambres syndicales furent conservées dans leurs attributions * ; les peines contre les contrefacteurs furent adoucies ; et le roi, dans un accès de bonté mal-entendue, légitima les vols que les contrefacteurs avaient faits. On fit plus mal encore : ce n'était pas assez pour les contrefacteurs d'avoir fait adoucir les peines dont ils avaient été passibles ; la garantie qu'auraient dû avoir les propriétaires fut idéale ; les visites et les saisies qu'ils étaient autorisés à faire, furent hérissées de difficultés ; et il ne fallut pas moins que les réclamations de l'Académie française elle-même, pour obtenir du monarque, par un arrêt du 30 juillet 1778, que les parties lésées fussent autorisées à procéder contre les contrefacteurs par voie de plainte et d'information.

Cet arrêt du 30 août 1777 fut le sujet des observations les plus graves : il donna lieu à des réclamations vives et souvent amères. Les propriétés littéraires n'en restèrent pas moins morcelées, et les vols légitimés. Il en résulta ce que toute la France, les fabricateurs de l'arrêt exceptés, avait prédit : les contrefacteurs, absous de leurs premiers crimes, s'enhardirent à en commettre de nouveaux, dans l'espoir bien fondé que le gouvernement, dans un nouvel accès de bonté, les légitimerait encore. L'arrêt avait, à la vérité, créé ou rétabli les inspecteurs de la librairie ; il en avait attaché un à chaque chambre syndicale. Mais les mœurs de la librairie étaient fixées : et d'ailleurs on pense bien que ces inspecteurs ne durent pas avoir de la propriété littéraire une plus haute opinion que celle que le gouvernement en avait lui-même : ils étaient ses agens, ils partagèrent ses principes, et la plupart d'entre eux, ou se

Lyon. Dans cette requête, on disait, en d'autres termes il est vrai, mais clairement, qu'aussitôt qu'un homme a recueilli une partie du fruit de ses travaux, son voisin est en droit de le priver de l'autre partie.

* L'arrêt supprima les chambres syndicales de Limoges, Rennes et Vitry, et en créa cinq, savoir : à Besançon, à Caen, à Poitiers, à Strasbourg et à Nancy.

Un arrêt du conseil du 7 novembre 1778 en créa une 21e à Nimes.

laissèrent corrompre par les pirates *, ou aimèrent mieux acheter la paix par une incurie extrême, que s'exposer au ressentiment de gens assez puissans pour avoir déterminé le gouvernement à dévier, en leur faveur, des règles ordinaires de l'équité. Voilà l'effet nécessaire des lois appuyées sur l'immoralité! Que les gouvernemens foulent aux pieds la morale publique, et les sujets la fouleront aussi!

Tel était l'état de la librairie avant la révolution. A cette époque, tous les priviléges furent abolis, par le décret du 4 août 1789.

Les contrefacteurs ne manquèrent pas d'interpréter ce décret de la manière qui leur était la plus favorable, et de prêter au législateur une intention qu'il n'avait pas eue, qu'il ne pouvait avoir. Ils confondirent donc ou firent mine de confondre la propriété d'un livre avec ce qu'on appelait le privilége d'un livre, tandis que la propriété réside invariablement dans la personne de l'auteur ou de ceux à qui il a transmis ses droits, et que le privilége n'était qu'une permission de faire un usage étendu de cette propriété. Sans doute le gouvernement pouvait bien refuser ou retirer le privilége nécessaire pour imprimer un livre, comme aujourd'hui l'on interdirait la jouissance d'une propriété dont on ferait un usage prohibé par les lois ou par les réglemens (Code civil, article 544) **; mais il ne pouvait, sans blesser la

* Les articles 6 et 7 de l'arrêt obligeaient les possesseurs de contrefaçons à les représenter dans le délai de deux mois à l'inspecteur et à l'un des adjoints de la chambre syndicale de leur arrondissement, pour être la première page de chaque exemplaire estampillée par l'adjoint, et signée par l'inspecteur.

Un libraire de Nismes (Baume) trouva le moyen de faire estampiller et signer ainsi 4000 feuilles de papier blanc; et il mit incontinent sous presse une contrefaçon en dix volumes in-4°., qu'il imprima à 4000 exemplaires.

** Le propriétaire qui a une propriété parfaite peut, en général, user de sa chose comme bon lui semble; cependant il ne peut en faire ce que les ordonnances lui défendent d'en faire. Ainsi, lorsqu'une loi défend l'exportation du blé, un propriétaire de blé ne peut pas envoyer son blé en Espagne: et on ne peut pas planter du tabac sur son domaine, lorsqu'il existe une loi qui défend cette culture.

justice, l'accorder à d'autres. Tout ce qu'on pouvait à la rigueur conclure du décret du 4 août 1789, c'est qu'il interdisait aux auteurs l'usage de leurs propriétés; et non pas qu'il l'accordait au premier venu : et en admettant même que le législateur eût entendu, par l'abolition générale des priviléges, confisquer les propriétés des auteurs, elles auraient appartenu au gouvernement : quel droit la librairie aurait-elle eu de s'en emparer ?

Mais, comme je l'ai déjà dit, les contrefacteurs d'habitude ne raisonnèrent pas ainsi : accoutumés au mépris de tous les principes de la justice distributive, ce mépris fut encore poussé plus loin qu'il ne l'avait été et donnant à la loi une interprétation injurieuse au législateur, ils se livrèrent avec audace à leur infâme métier, et tous les bons auteurs furent contrefaits.

Les gens de lettres à la mendicité sollicitèrent la convention nationale de leur rendre une portion du pain qu'on leur avait enlevé, et la loi du 19 juillet 1793 fut rendue *.

Tout le monde a connaissance de cette loi, qui en déclarant que, dix ans après la mort des auteurs, leurs propriétés sont acquises à la nation, blesse encore plus les principes d'équité que l'arrêt du 30 août 1777, qui dans certains cas au moins rendait ces propriétés transmissibles à leurs hoirs à perpétuité. L'arrêt de 1777 conservait les chambres syndicales. Certes, il est hors de doute que ces chambres, composées comme elles l'étaient, ne pouvaient pas remplir le but principal qu'on s'était proposé en les établissant, celui d'arrêter les contrefaçons et d'en faire poursuivre les auteurs; mais au moins le principe que les propriétés littéraires doivent être protégées par une administration publique, était maintenu; tandis que le décret laisse aux propriétaires seuls le soin de veiller à leurs propriétés, disséminées sur toute la surface de la France.

Examinons cette loi, immorale dans son principe, et insuffisante dans ses moyens.

* Elle est transcrite, pages 5 et 6.

« Les *officiers de paix*, dit l'art. 3, seront tenus de
» faire confisquer, à la réquisition et au profit des au-
» teurs, etc., tous les exemplaires des éditions imprimées
» ou gravées sans la permission formelle et par écrit des
» auteurs ».

L'article unique de la loi du 25 prairial an 3 charge les *commissaires de police*, et dans les lieux où il n'y en a pas, *les juges de paix*, des fonctions attribuées aux officiers de paix.

Qu'un auteur apprenne que ses productions sont contrefaites à 150 lieues de son domicile, il s'adressera donc à un commissaire de police du lieu où se commet le délit. Il lui écrira, et l'autorisera à saisir. Mais, outre que les commissaires de police n'ont ni l'habitude de ces sortes d'opérations, ni les connaissances nécessaires pour distinguer une contrefaçon d'une édition originale, notre auteur aura à vaincre toutes les considérations de localités, et un officier public auquel il sera étranger, et qui sera lié avec le contrevenant par les liens de l'intimité, des obligations reçues, de la parenté peut-être, sera-t-il toujours disposé, pour servir un auteur éloigné et qu'il ne connaîtra pas, à trahir ses proches, à s'exposer au reproche fondé d'ingratitude, même en fesant son devoir? Je crains bien que l'auteur ne soit sacrifié à ces considérations, si puissantes dans les petites villes; et si j'en jugeais parce que j'ai vu et éprouvé, j'affirmerais qu'il sera sacrifié.

L'auteur se transportera donc sur le lieu du délit, et là loi d'une main, son édition originale de l'autre, il requerra l'officier public de faire confisquer. Mais si les mêmes considérations existent, cet officier prétextera des affaires plus urgentes; il obtiendra du délai, et quelque court qu'il puisse être, quand l'auteur arrivera au domicile du voleur, les traces du vol auront disparu. Je vois notre auteur honteux et désappointé qui reprend tristement le chemin de Paris; et pendant qu'il gémit sur les effets des considérations locales et qu'il maudit des lois sans raison, le pirate, s'il a encore quelque reste de pudeur, fait consommer à 200 lieues de Paris le vol qu'il avait entamé à 150; s'il n'en a pas (ce qui est l'ordinaire), il l'achève chez lui, un peu vîte peut-être, mais avec sécurité.

Je fais la supposition la plus favorable à l'auteur, et j'admets qu'il arrive sur le lieu du délit, muni d'une recommandation ministérielle. Alors nul doute que toutes les précautions ne soient prises par les autorités locales supérieures contre la criminelle complaisance du commissaire de police ou du juge de paix. Si la contrefaçon est sous presse, elle sera saisie, mise sous le scellé. Je ne suppose pas que ce qui est arrivé tant de fois, du tems des chambres syndicales, et depuis, arrivera de nouveau, c'est-à-dire, que la contrefaçon disparaîtra comme par enchantement de dessous les scellés *; j'admets même que le procès-verbal de saisie sera régulièrement dressé par des gens qui seront étrangers à la matière, dans une circonstance nouvelle pour eux, et en dépit de ces affections locales qui leur font envisager l'étranger qui vient saisir, comme un homme qui arrive tout exprès pour ruiner leurs compatriotes, leurs amis; j'admets donc que le procès-verbal sera régulier (ce qui est très-rare), et qu'aucun vice de forme ne fera débouter le plaignant dès l'origine de la contestation

Ainsi, voilà mon auteur aux prises avec le pirate, traîné de tribunaux en tribunaux, à 150 et 200 lieues de son domicile; le voila luttant contre les considérations

* En l'an 7, Jeudy-Dugour réussit, non sans peine, à faire saisir à Lyon la contrefaçon du Cours d'Agriculture de Rozier, dont il était propriétaire. Cette édition était considérable; on crut devoir la laisser dans le magasin où elle avait été trouvée, et les scellés y furent apposés.

Quel parti prirent les contrefacteurs?

Ils firent, assure-t-on, pratiquer une trappe dans le plancher supérieur: toujours est-il que les balots contenant les Œuvres de Rozier contrefaites furent enlevés et remplacés par un nombre égal de balots renfermant des ouvrages licites et quand, dans le cours du procès, on en vint à faire la reconnaissance de la contrefaçon, on trouva qu'elle avait disparu. Les contrefacteurs transigèrent, comme ils l'entendirent, avec le propriétaire, que le procès avait ruiné.

d'intérê

d'intérêt local, de commerce local *, quelquefois bien jugé par les uns, plus souvent mal jugé par les autres, appelé en cassation, en recassation, et obtenant enfin, après deux ou trois années de voyages, de peines, de dépenses, de sollicitations, quelquefois après avoir été calomnié, emprisonné **, un jugement définitif favorable. Qu'il ouvre alors son coffre-fort, s'il en a un, et qu'il compte! S'il doit recevoir une amende de mille sous, il en aura dépensé deux mille.

Les recéleurs sont, pour toutes les espèces de vols, assimilés aux voleurs; ils sont passibles des mêmes peines. Les anciens édits, arrêts et réglemens sur la librairie avaient suivi ce principe; l'arrêt du 30 août 1777 lui-même, le plus mauvais de tous, l'avait

* Un auteur qui occupe une place honorable dans la hiérarchie judiciaire, me disait, il n'y a pas bien long-tems, que les tribunaux devaient s'attacher à éconduire les auteurs et les libraires qui poursuivent les contrefacteurs du Midi, et notamment ceux d'Avignon, parce que le commerce des contrefaçons fesait vivre une grande partie des habitans de cette ville.

Autant vaudrait soutenir qu'il ne faudrait pas punir les faux-monnayeurs, s'ils étaient nombreux, et s'ils avaient un grand nombre de complices.

** Il y a deux ans, le sieur P*** était dans le midi à la piste de plusieurs contrefaçons. Il se trouvait à Avignon, pays célèbre par ce genre de délit. Beaucoup de démarches et plusieurs voyages faits depuis trois années lui avaient procuré les renseignemens les plus exacts: la caverne des voleurs était découverte; il était à la veille d'y pénétrer. Son dessein fut connu des contrefacteurs, ou ils le soupçonnèrent. Que faire dans des conjectures aussi embarrassantes? Le tems pressait. Ils avaient déjà échappé une fois à une condamnation importante contre le sieur P*** lui-même, en faisant usage de faux-témoins, contrefacteurs comme eux, et que le tribunal de Carpentras avait eu la complaisance d'admettre. Le même moyen fut employé une seconde fois. Le sieur P*** fut accusé d'avoir répandu des calomnies du genre le plus criminel: des compères déposèrent contre lui, et l'autorité ne put se dispenser de le faire emprisonner. Il le fut long-temps; et l'on se doute bien que pendant cette détention, les voleurs ne manquèrent pas de recéler leurs prises dans une autre caverne plus inabordable.

maintenu. Mais la convention nationale a cru devoir renverser un principe que tous les législateurs s'étaient attachés à maintenir : elle a prononcé une peine contre le voleur ; et le recéleur n'est passible que du sixième de cette peine: ainsi tandis que l'amende contre le contrefacteur est équivalente au prix de 3000 exemplaires de l'édition originale, le prix de 500 a paru suffisant contre le débitant d'éditions contrefaites. On dirait que l'auteur du décret s'est attaché par-dessus tout à faire du neuf, de l'extraordinaire, au risque d'être absurde et ridicule.

D'autres reproches non moins graves que l'on peut faire à la loi de 1793, c'est de ne pas apprendre ce qu'elle a entendu par le prix d'un livre; si c'est le prix de la fabrication, celui du débit en gros, ou celui du débit au parculier ; c'est de n'avoir pas tracé aux propriétaires la marche à suivre pour faire ascertainer, légaliser à tout hasard le prix des ouvrages ; c'est sur-tout de n'avoir pas défini la contrefaçon ; c'est de n'avoir pas dit à quels signes on peut la reconnaître. A-t-elle entendu parler du libraire seulement, en infligeant des peines aux débitans d'éditions contrefaites ? Le particulier qui, par circonstance, vendrait un seul exemplaire de ces éditions, pourrait-il ou ne pourrait-il pas être atteint par la loi ? Qu'un libraire de bonne foi réimprime un ouvrage dont la première, l'unique édition avait paru cinquante ans auparavant, sans nom d'auteur ! Si un individu se présente, qui s'en dise l'auteur et le prouve, ce libraire sera-t-il passible de la peine portée contre les contrefacteurs? Sera-t-il juste de le condamner ? N'aura-t-il pas pu croire qu'un homme qui aura gardé l'*incognito* pendant un si long espace de tems, avait terminé sa carrière, dix, vingt ou trente ans auparavant?

Et encore, quelles précautions la loi a-t-elle indiquées pour faire reconnaître qu'un auteur (ou un libraire) de mauvaise foi n'aura pas fait faire lui-même l'édition dont il saisira des exemplaires ? Et, si l'auteur saisit quelques exemplaires contrefaits de son ouvrage, chez un débitant, quel embarras pour lui, particulier étranger au commerce des livres, s'il veut remonter à la source où le débitant a puisé? Et après y être parvenu, quelle difficulté pour obtenir un résultat vrai, s'il y a analogie de format et de caractère! Dans le doute si une édition qu'il aura trouvée en apparence conforme à l'édition originale, est ou n'est pas contrefaite, quel parti l'auteur prendra-t-il? S'il ne saisit pas, et que l'édition soit contrefaite, le voleur échappe à la peine; il est enhardi à continuer son infâme métier. S'il saisit, et que l'édition soit originale; s'il se trompe enfin (et il est presque impossible qu'il ne se trompe pas), le libraire ne manquera pas d'intenter une action contre lui; et voilà l'auteur dans les embarras d'un procès, ruineux peut-être!

Il faut trancher le mot : la loi est mauvaise, parce qu'elle repose sur un principe destructif de la propriété des auteurs; parce qu'elle les oblige à une surveillance impossible; parce qu'elle n'assimile pas le recéleur au voleur; parce qu'elle ne définit pas la contrefaçon, qu'elle ne prévoit rien, qu'elle ne garantit rien, et parce que son obscurité est telle que le plus honnête homme, libraire ou particulier étranger au commerce des livres, celui qui s'attachera le plus à la suivre, peut être condamné comme débitant d'éditions contrefaites.

Mais on peut conclure de l'examen de cette loi :

1°. Qu'il est impossible qu'un particulier soit chargé de la poursuite des contrefaçons de ses ouvrages, disséminées sur toute la France, et que ce droit doit être accordé à une administration publique;

2°. Qu'une loi contre ce genre de délit doit, pour être salutaire, coïncider avec les réglemens généraux de la librairie, considérée sous le rapport du commerce, de l'art, et de la sûreté publique; et que toutes les lois partielles que l'on pourrait faire sur ce sujet, ne rempliraient pas le but : on ne taille pas des pièces pour un habit dont il ne reste plus rien.

Examinons à présent quelles mesures l'auteur du Projet conseille de prendre pour arrêter et prévenir le délit de contrefaçon.

Son Projet rétablit les chambres syndicales composées de libraires et d'imprimeurs.

« Les chambres syndicales ou de discipline seront

» établies dans les villes qui renferment au moins di
» imprimeurs et libraires. (Article 1er., titre 1er.).

» Elles seront chargées de la surveillance immé
» diate du commerce des livres. (*Idem*).

» Art. 3. La chambre syndicale sera composée
savoir :

» 1°. De deux, quatre ou six imprimeurs ou li
» braires, suivant le nombre des imprimeurs ou li
» braires exerçans dans la ville, et de douze à Paris;

» 2°. D'un membre non imprimeur ou libraire
» pris parmi les professeurs ou bibliothécaires de la
» ville.

» 3°. On fera ensorte que la chambre renferme au
» tant qu'il sera possible un nombre d'imprimeurs pro
» portionnel à celui des libraires.

» Art. 4. La première organisation de la chambre
» syndicale sera faite, sur la proposition du préfet, pa
» notre ministre de l'intérieur.

» Un membre imprimeur ou libraire sortira tou
» les deux ans à tour de rôle, et sera reéligible seule
» ment après deux années.

» A chaque vacance, la chambre présentera deux
» candidats pour chaque membre imprimeur ou li
» braire à élire. La nomination en sera faite par notre
» ministre de l'intérieur, sur la proposition du préfet.

» Le membre non imprimeur ou libraire sera nommé
» par notre ministre de l'intérieur sur la proposition du
» préfet, et amovible à volonté ».

Si l'on a fait attention à ce que j'ai dit sur les chambres syndicales établies avant 1789, on a dû être convaincu que cette institution était essentiellement dangereuse, et nuisible aux droits des auteurs; qu'il était même de son essence d'arriver à un but diamétralement opposé à celui qu'elle était chargée d'atteindre.

Cependant le Projet les rétablit.

Je devrais peut-être me borner à ce que j'ai déjà dit sur ces chambres : cependant comme le Projet présente quelque différence dans leur composition, je vais en parler encore.

Par le Projet, le ministre de l'intérieur nommera les membres des chambres syndicales, sur la présentation de l'autorité locale supérieure. Il est donc certain que l'on s'attachera à composer ces chambres de personnes honnêtes autant que possible. Mais ce seront toujours des imprimeurs et des libraires, des libraires intéressés à vendre beaucoup de livres, et à se les procurer au meilleur marché, intéressés par-conséquent à contrefaire et à vendre des éditions contrefaites : ce seront des imprimeurs intéressés à travailler beaucoup, par suite complaisans à l'extrême pour des libraires qui les occuperont, et qui, quelque honnêtes qu'on les suppose, sollicités par l'intérêt ou le besoin, seront fortement disposés à imprimer tout ce qui se présentera.

Quelles mesures le Projet recommande-t-il pour tempérer, pour balancer cet intérêt personnel qui porte sans cesse au délit des gens qui seront d'ailleurs, par l'effet de leurs fonctions, assurés de l'impunité?

Il adjoint aux membres des chambres syndicales un professeur ou un bibliothécaire.

J'admets que ce nouveau membre de la chambre syndicale sera bien désintéressé, qu'il ne se laissera pas séduire par ses collègues, et que la probité seule le dirigera : avec tout cela, il se fera autant de contrefaçons qu'il s'en fait aujourd'hui. La raison en est qu'il est impossible qu'un particulier qui n'a point pratiqué la librairie et l'imprimerie distingue une contrefaçon d'une édition originale, si l'on a employé, pour la première, du papier, des caractères, et un format en tout pareils à ceux de la seconde *. Le contrefacteur, il est vrai, gagnera un peu moins, parce que, forcé d'imiter, il n'aura pas de bénéfice sur le changement de types et de format ; mais il continuera toujours de contrefaire, parce que si ses gains sont moins considérables, il faut convenir aussi qu'il les obtiendra avec plus de sécurité ; et l'auteur n'en sera pas moins privé du fruit de ses

* On peut citer pour exemple la contrefaçon de l'Encyclopédie, 28 volumes in-folio, faite à Genève. Elle est tellement conforme à l'édition originale, faite à Paris, de 1751 à 1772, qu'on ne la reconnaît que parce qu'au bas de la page 241 du premier volume du discours, le mot *différence* est imprimé en entier, tandis qu'il ne l'est qu'à moitié dans l'édition originale.

travaux. Cette inaptitude des professeurs et des bibliothécaires à distinguer une édition contrefaite d'une édition originale, est celle dont je me plains lorsque je parle des commissaires de police et des juges de paix chargés par la loi de 1793 de saisir en matière de librairie.

Peut-être les articles subséquens du Projet portent-ils remède à cette inaptitude des uns, et à cet intérêt personnel des autres. Voyons la suite de la partie du Projet qui concerne les contrefaçons.

« *Tit.* 3, *art.* 9. Tout propriétaire d'ouvrages qui » aura à réclamer contre l'existence d'une contre- » façon, en donnera avis à la chambre syndicale la plus » voisine de son domicile, en y joignant un exemplaire » de l'édition contrefaite.

» La chambre syndicale lui délivrera acte de sa » déclaration, et transmettra, dans le délai de dix » jours, cet avis à notre grand-juge ministre de la jus- » tice, à notre ministre de l'intérieur, et à toutes les » chambres syndicales de l'Empire, en indiquant les » signes caractéristiques de la contrefaçon.

» 10. Chaque chambre syndicale notifiera cet avis » aux imprimeurs et libraires de son ressort.

» *A compter du dixième jour après la notification*, » tout libraire qui serait trouvé avoir dans ses magasins » plusieurs exemplaires de l'édition contrefaite, sera » présumé coupable du délit de débitant de contre- » façon.

» 11. Tout libraire qui tiendrait dans ses magasins » des exemplaires d'éditions contrefaites, et qui ne les » aurait pas portés sur le registre indiqué par l'article » 7 du titre 2 *, ne pourra arguer du prétexte de bonne » foi dans la vente des contrefaçons. »

* Voici l'article : « Tout imprimeur, graveur, ou li- » braire, sera tenu d'avoir un registre, coté et paraphé, » sur lequel il inscrira les titres et noms d'auteurs, éditeurs, » imprimeurs ou cessionnaires des ouvrages qu'il aura reçus » pour imprimer ou vendre, et la date de la remise de l'ou- » vrage.

» Ce registre sera visé, à la fin de chaque année, par la » chambre syndicale. La chambre syndicale aura le droit de » se faire représenter le susdit registre, chaque fois qu'elle » le jugera convenable ».

» 12. La chambre syndicale *pourra*, sur toute plainte » ou indication, faire faire par un de ses membres, » accompagné par un commissaire de police, une » visite dans les ateliers ou magasins de l'imprimeur ou » libraire soupçonné d'être auteur ou débitant de con- » trefaçons, et *pourra* requérir à cet effet l'interven- » tion et l'appui de la police locale ».

Toujours les auteurs obligés de s'adresser à des libraires, pour la repression d'un délit que des libraires seuls ont pu commettre! (car, à raison de leur défaut de connaissance en fait de contrefaçons, il faut compter pour rien les professeurs et les bibliothécaires qui leur sont accolés, quelque savans qu'on les suppose d'ailleurs). Un voyageur est pillé sur la grand'route. Il suit de loin le voleur, et le voit entrer dans la ville voisine. Il s'y rend lui-même, court chez le magistrat chargé de faire arrêter les criminels, et reconnait dans le magistrat lui-même le scélérat qui l'a dépouillé sur la route. Voilà la situation dans laquelle l'auteur se trouve relativement aux chambres syndicales!

Mais ce qui est bien autrement extraordinaire dans le Projet, c'est d'autoriser, je me trompe, de forcer à prévenir officiellement les voleurs, et dix jours à l'avance encore, que tel jour on ira visiter la caverne dans laquelle ils renferment les objets qu'ils ont volés. Si, avec une pareille disposition, on réussit à saisir un seul libraire, je soutiens que les tribunaux doivent voir en lui un homme privé de sa raison, et le condamner, non pas à telle ou telle amende, à telle ou telle peine, mais à aller faire guérir par des douches son esprit aliéné. A quoi servirait l'administration des douanes, si elle était obligée de prévenir dix jours à l'avance les contrebandiers, des visites que ses préposés ont intention de faire chez eux? Où en serait, bon Dieu! la société, si les magistrats ne pouvaient, sur la connaissance qu'on leur donnerait d'un délit, en rechercher les auteurs, sans qu'au préalable ils n'eussent notifié aux personnes qui en seraient soupçonnées, que le soupçon plane sur elles, mais qu'ils n'ont pas le droit de s'en occuper avant dix jours? Quoi! on atteint sur le premier soupçon le criminel, même aux pieds des autels! Et la boutique d'un marchand de livres soupçonné d'un vol odieux, du vol d'une chose confiée à la foi publique, serait inviolable pendant dix jours !

En vain dirait-on que les dispositions de l'article 12 détruisent le danger que présentent les articles 9 et 10 : car il faut observer qu'elles se trouvent en contradiction avec les autres ; et on sent que, pour peu que les libraires de la chambre aient de la bienveillance pour le délinquant ; pour peu qu'ils soient intéressés à conserver le matériel du délit (ce qui ne peut manquer d'avoir lieu, attendu que les libraires sont en général en compte courant et souvent solidaires), ils ne manqueront pas de pointiller sur la contradiction évidente qui se trouve entre l'article 12 et les articles 9 et 10 ; ils forceront à des délais, et le matériel du délit disparaîtra.

Mais, que dis-je ? Ils n'auront pas besoin de ces détours. L'article, tel qu'il est conçu, ne peut avoir aucun effet pour la protection de la propriété littéraire ; la prévoyance qu'il paraît annoncer est idéale ; et, tandis qu'il semble venir au secours de la probité, il ne favorise en effet que le voleur, et lui assure sécurité et impunité ; car il faut bien remarquer que l'article dit : la chambre *pourra* faire faire visite, et non pas *sera tenue de* faire faire visite... Qu'on m'explique à présent comment, à l'aide d'un pareil moyen, un auteur volé pourra réussir à déterminer les membres d'une chambre syndicale à faire une visite évidemment opposée à leurs affections, à leurs intérêts ; et qu'ils ne seront pas forcés de faire ? Ici la vérité me commande de dire que si l'on devait adopter un pareil Projet de réglement sur la librairie et l'imprimerie, il ne resterait à quiconque voudrait faire le commerce des livres avec sécurité et bénéfice, d'autre voie à prendre que celle de faire fabriquer et vendre des contrefaçons. Malheur à qui s'aviserait de faire valoir des propriétés littéraires ! Il serait inévitablement ruiné.

Je cherche envain dans ce Projet quelques dispositions relatives aux contrefaçons actuellement existantes : il n'en est pas question.

Au lieu d'accorder au débitant d'éditions contrefaites

(comme on l'a fait dans l'art. XI du titre 3) la faculté d'arguer du prétexte de bonne foi, n'aurait-il pas été préférable, par exemple, d'imprimer aux éditions licites un caractère d'authenticité tellement évident, que ni les vendeurs, ni les acheteurs de livres, n'eussent pu s'y méprendre? Mais à quoi bon s'occuper encore de contrefaçons, en parlant de ce Projet, lorsqu'il est suffisamment démontré qu'en l'adoptant, il deviendra impossible de les atteindre?

Ce que j'ai dit sur les contrefaçons en général me porte à conclure :

1°. Que la contrefaçon en librairie est un vol, et doit être punie comme tel;

2°. Que ce vol ne peut être sérieusement poursuivi que par une administration aussi étrangère aux libraires que celle des douanes l'est aux marchands d'étoffes et de draps;

3°. Que les éditions originales ou licites doivent porter une empreinte tellement authentique qu'il soit impossible à telle personne que ce soit de s'y méprendre.

Il me reste à parler des contrefaçons actuellement existantes. Depuis dix-huit ans, le silence des lois d'abord, et ensuite l'incohérence, l'absurdité, le défaut de développement et l'immoralité de celles qui ont concerné la librairie, ont rendu les contrefaçons tellement communes, que dans les départemens elles composent les trois quarts des magasins des libraires, si on en retranche les livres qui sont du domaine public. Il y a, par exemple, dans une certaine ville du midi que j'ai visitée il y a trois ans, douze maisons de librairie; elles possèdent pour environ 800 mille francs de livres; et sur cette quantité, il y a bien, sans exagération, pour 700 mille francs de contrefaçons : dans ce pays-là, les éditions avouées sont presque aussi rares que les paillettes d'or parmi les sables de la Durance. Il ne faut pas, après tout, s'étonner de ce déluge de contrefaçons dont la France est inondée; que l'on fasse attention qu'auparavant la révolution les pays réunis à la France depuis seize ans étaient en possession d'imiter ou contrefaire les livres français, sous la protection de leurs princes, et qu'ils y étaient encouragés par la complaisance des membres des chambres syndicales de France, intéressés à se procurer des livres à bon marché, et assurés de l'impunité par l'effet de leurs fonctions. En fesant la conquête de ces pays, en les soumettant à sa puissance et à ses lois, la France a rendu illégitimes ces éditions, tolérées jusqu'alors dans les états où elles avaient été faites. Ces propriétés, une fois englobées dans son territoire, ont été frappées de la proscription par les lois françaises. Elles ont été dans le cas des marchandises anglaises trouvées en Prusse par nos armées victorieuses. La fortune des libraires des pays incorporés à la France s'est donc trouvée presque exclusivement composée de propriétés qu'on pouvait saisir à tout moment; et l'on conçoit quel empressement ils ont dû mettre à les disséminer dans le commerce, quels sacrifices ils ont dû faire pour s'en débarrasser. Voilà la cause de cette quantité énorme de livres de contrebande, mal fabriqués, et offerts à vil prix, que l'on trouve dans les magasins des libraires des départemens : telle est aussi la cause véritable de la ruine des libraires de Paris, cessionnaires de la presque totalité des propriétés littéraires!*

* Des gens moroses, injustes ou myopes, et dont la vue se borne à l'horison du *pays latin*, avanceront en-vain que les faillites en librairie sont le résultat du luxe des libraires et de leurs combinaisons frauduleuses. Une profession presque entière ne se déshonore pas de gaieté de cœur; et une connivence de combinaisons frauduleuses devient impossible entre un aussi grand nombre de gens qui, dans le fait, n'ont pas de luxe, qui sont laborieux, et qui, pour être malheureux, n'en ont pas moins de probité.

Les libraires de Paris font faillite, parce que dans les départemens, et à l'étranger, on n'a cessé de les voler depuis un siècle : les faillites sont plus fréquentes depuis la révolution, parce qu'indépendamment de la stagnation du commerce, le pillage des propriétés des libraires est devenu plus général.

Si on volait aujourd'hui à M. Stoupe, par exemple, son portefeuille et sa caisse, avec quoi payerait-il demain ses engagemens? Faudrait-il dire aussi qu'il *s'enrichit par des combinaisons frauduleuses, pour ruiner avec audace ses malheureux créanciers, et habiter un palais?* Faudrait-il appeler son malheur les *manœuvres du crime qui lutte contre la probité?*

L'insuffisance des lois d'une part, de l'autre la nécessité, ont, comme on le voit, rendu général le délit odieux de contrefaçon ; les libraires des départemens sont presque tous ou fabricateurs ou distributeurs de livres contrefaits : le mal qui en résulte est incalculable. Mais pour y remédier, est-il indispensable de ruiner, par une loi sévère, mais juste, la presque totalité des libraires des départemens ?

Si je conseille pour la suite une sévérité extrême, je sens aussi qu'il faut, dans cette circonstance, et pour cette fois seulement, couper le nœud qu'on ne pourrait délier sans désoler tant de familles ; qu'il faut tâcher d'allier une honorable pitié à ce que commande la justice ; que si on invoque la dernière, ce ne doit être que pour en tempérer la rigueur, et qu'on doit s'attacher, en biaisant peut-être, à concilier l'intérêt des auteurs avec l'humanité.

Je voudrais donc que, dans un tems fixé et très-court, toutes les contrefaçons fussent déclarées, et qu'elles fussent, aux frais du contrefacteur, frappées d'un timbre particulier (qui ne coûterait pas davantage que le timbre ordinaire de la librairie, dont je parlerai dans mon Projet).

Le tiers de ces contrefaçons ainsi timbrées serait donné aux auteurs ou à leurs cessionnaires : les deux autres tiers resteraient à la disposition du contrefacteur.

Par ce moyen, *l'auteur* n'aurait pas à se plaindre, parce qu'il aurait reçu une juste indemnité sans avoir éprouvé les embarras d'un procès.

Le *contrefacteur* ne se plaindrait pas non plus, parce qu'il vendrait avec sécurité le reste de ses contrefaçons.

La *justice* ne serait pas violée, parce que le contrefacteur aurait été puni.

Et *l'humanité* n'aurait pas à gémir, parce que le délinquant et sa famille ne seraient pas réduits à la misère.

De l'imprimerie.

L'imprimerie est l'art de rendre le discours parlé ou écrit, par des caractères mobiles convenablement assemblés et contenus, et d'en attacher l'empreinte sur des feuilles de papier.

Le bon et le mauvais, l'utile et le dangereux, les productions estimables et les productions criminelles, entrent indistinctement dans le domaine de l'imprimerie, qui, par le même procédé, les multiplie à-l'infini.

Cet art tout-à-la-fois admirable et dangereux est, dans ses conséquences, trop différent des autres arts, pour que les mêmes lois puissent le diriger; et si les uns réclament cette liberté qui fait la base des spéculations du commerce, la sûreté de l'état commande que l'usage de l'autre soit circonscrit et limité.

Cette vérité, que l'usage de la presse doit être, pour la tranquillité et la sûreté des états, circonscrit comme l'art du monnayeur, fut parfaitement sentie par nos rois dès l'origine de l'imprimerie. Aussi ils fixèrent le nombre des imprimeurs; ils firent de leur profession une espèce d'office; ils y attachèrent des priviléges; ils les déclarèrent suppôts des universités. Par-là les imprimeurs furent essentiellement attachés au maintien du gouvernement existant. L'homme qui est honoré et qui jouit d'un bien-être assuré, se garde bien de servir les factieux: car il a tout à perdre dans les révolutions. Le moyen était adroit, il faut en convenir; et les imprimeurs qui, livrés à eux-mêmes, auraient pu abuser de l'arme dangereuse qu'ils avaient dans les mains, se trouvèrent intéressés à maintenir des réglemens protecteurs de l'ordre public.

Les gouvernemens ne s'arrêtèrent pas là, et la prévoyance alla plus loin. Les fondeurs en caractères eurent la jouissance des mêmes exemptions, prérogatives, priviléges et immunités que les imprimeurs et les libraires; ils étaient comme eux suppôts des universités; les uns et les autres furent, ainsi que leurs ouvriers, leurs apprentis et leurs alloués, ainsi que les colporteurs, les marchands forains, etc., assujétis à des *devoirs particuliers*, à une *police particulière*. Ces lois, ces réglemens étaient tellement en harmonie, que, sans qu'on s'en doutât en général, toutes les précautions étaient prises pour empêcher la publication des livres contre les mœurs, ou injurieux aux particuliers, ou attentatoires à la sûreté de l'Etat.

D'autre part, aucun ouvrage ne devait passer sous la presse sans que l'impression en eût été autorisée. On avait établi la censure, cette sauve-garde des mœurs et de la tranquillité, la censure qui a été le sujet de tant de réclamations, et qui cependant n'a causé aucun tort réel ni aux sciences, ni aux arts, qui au contraire était la garantie du commerce honnête, et que la librairie regrette tant aujourd'hui.

Voilà, en général ce que les gouvernemens avaient fait pour la sûreté publique.

Il ne suffisait pas de faire refluer une grande considération sur les imprimeurs; il fallait encore qu'ils la méritassent: il ne suffisait pas de s'assurer de leur fidélité; il fallait bien aussi que l'art, encore dans l'enfance, fît des progrès, et qu'il eût une pente directe vers la perfection. Voilà pourquoi nos rois exigèrent, des imprimeurs, des connaissances supérieures à celles exigées des personnes qui professent les autres arts: voilà pourquoi les plus érudits d'entre eux furent les plus favorisés des monarques. C'est ainsi que François Ier. plaça à la tête de l'imprimerie royale, qu'il venait d'établir, ce Robert Etienne, que l'on peut regarder comme le roi de l'imprimerie ancienne, tant pour l'érudition que pour son goût pour son art et la correction typographique de ses ouvrages.

Le recueil des lois rendues sur la librairie et l'imprimerie est rempli des preuves du grand intérêt que l'on a pris à la perfection de l'imprimerie, et des encouragemens qu'elle a obtenus.

Le réglement de 1723, encore en vigueur pour cette partie, à l'époque de la révolution, reproduisit scrupuleusement les dispositions des anciens édits qui tennaient aux progrès de l'art et au maintien de la sûreté de l'état. Heureux le monarque, si l'exécution de ce réglement, parfait sous plusieurs rapports, eut été confiée à des mains plus vigoureuses ou plus fidèles!

Mais le mot de révolution n'avait pas encore été prononcé, et la révolution était faite dans les esprits. Ses principes avaient, à l'aide de la contrebande que fesait la librairie, pénétré dans une cour livrée à la faiblesse; ils dominaient dans les conseils; ils minaient lentement les bases de l'édifice social; et depuis long-temps les édits qui prononçaient des peines contre la licence de la presse, étaient tombés en désuétude.

Les imprimeurs, jaloux de conserver leurs prérogatives et la considération qu'ils avaient acquise, intéressés à ne pas laisser échapper l'aisance presque héréditaire dont leurs places les fesaient jouir, et d'ailleurs fidèles à leurs sermens *, refusaient leurs presses pour propager les principes licencieux alors accrédités. Mais les chambres syndicales, composées en grande partie de libraires avides de gains, comme le sont les commerçans en général, et pour qui le livre bon par excellence est celui qui se vend le mieux, fesaient fabriquer à l'étranger les productions dangereuses, condamnées au pilon par les magistrats; ils les fesaient introduire en France, eux que la loi chargeait de les arrêter! Pour augmenter le désordre, des personnages puissans ** favorisèrent ces infractions criminelles, et procurèrent des saufs-conduits. Bientôt le mépris du réglement fut tel qu'on ouvrit à Paris et dans toute la France des souscriptions pour ces œuvres d'iniquité imprimées à l'étranger. Le gouvernement en avait connaissance; et par son insouciance ou sa faiblesse, il enhardissait les coupables.

Un réglement bien fait sous le double rapport de la sûreté publique et de la perfection de l'art, mais tombé

* Chaque imprimeur était tenu, à l'époque de sa réception, de prêter serment d'observer les réglemens qui concernaient sa profession.

** Des éditions entières d'ouvrages condamnés par le parlement entraient en France sous le couvert des maîtresses de Louis XV, et sous celui de plusieurs princes français.

dans une désuétude complette, et par la faiblesse du gouvernement, et par l'intérêt particulier des membres des chambres syndicales qu'on avait mal-adroitement chargées de le faire exécuter; des imprimeurs en général honnêtes, instruits, dans l'aisance, intéressés à la tranquillité de l'état, attachés à leur prince, et jouissant de la considération publique: voilà le tableau de l'imprimerie à l'époque de la révolution.

Alors la liberté de la presse, compagne inséparable de l'anarchie, et qui, chez un peuple souvent léger et par fois inconstant, précède et amène toujours les grandes calamités! Dans Paris seulement mille presses s'élèvent; mille forcénés deviennent imprimeurs comme par enchantement; ils ébranlent, ils renversent l'état: et combien, dans la confusion générale, sont frappés à mort par cette même arme qu'ils avaient saisie pour en percer leurs ennemis! N'importe: l'expérience ne suffit pas toujours pour rendre sage, et l'amour propre se flatte de réussir là où tant d'autres ont échoué. Le nombre des imprimeurs ne diminue pas; de-là la ruine des anciens; bientôt après la ruine des nouveaux; de-là l'ignorance, la déconsidération et le mépris, qui désolent une profession autrefois honorée, et qui méritait de l'être; de-là nulle sûreté pour le commerce, nulle garantie pour les mœurs, pour le gouvernement: voilà au juste l'état actuel de l'imprimerie en France!

Le mal est grand sans doute; mais il s'agit moins d'en sonder la profondeur que d'indiquer le remède qui convient.

La sûreté publique exige:

1°. Qu'il y ait le moins d'imprimeurs possible, parce que la surveillance est plus facile sur un petit nombre que sur un grand;

2°. Que les imprimeurs donnent au gouvernement une garantie de leur fidélité;

3°. Qu'ils jouissent d'une considération et d'une aisance telles qu'ils ne puissent être tentés d'abuser de l'arme dangereuse qui leur sera confiée.

La perfection de l'art exige aussi que le nombre des imprimeurs soit tel qu'ils fassent des gains suffisans pour tenter des essais, des améliorations.

La famille respectable des Didot, par exemple, n'aurait pas établi en France une papeterie qui surpasse les papeteries hollandaises; elle n'aurait pas amendé le dessin, la coupe et l'harmonie des types; elle n'aurait pas produit tant de chefs-d'œuvre de typographie, précieux par un goût, une élégance, une pureté inouies, qui honorent cette famille, et qui tournent visiblement à la gloire de l'industrie française, si l'exercice de la profession ne lui avait pas procuré les moyens de faire les dépenses prodigieuses qu'ont nécessitées ces améliorations : l'homme qui n'a rien, ne fait rien de beau, rien de grand.

La perfection de l'art exige encore que ceux qui le professent aient de l'instruction. Cet article est important, parce que la considération dont les imprimeurs doivent jouir en dépend essentiellement.

Par l'article 6 du titre 2 du Projet, il ne serait pas même nécessaire, pour tenir imprimerie en *France*, de savoir le français : car l'examen que devraient subir ceux qui, *par la suite seulement*, voudraient établir des imprimeries, ne porterait sur le *français* et le latin, que dans les villes de cent mille âmes et au-dessus. Or, suivant les tableaux de population officiels, Paris est la seule ville de France qui renferme plus de cent mille âmes. Marseille n'en a que 96,413; Lyon, 88,919; et Bordeaux, 90,992.

Par les anciens réglemens, il fallait, pour être reçu *apprenti imprimeur*, savoir le français et le latin, et lire le grec. Il fallait en présenter à la chambre syndicale le certificat du recteur de l'université *.

Je voudrais que, *pour la suite*, cette disposition fût rigoureusement maintenue; car, abstraction faite de l'intérêt de l'art, il faut convenir que les hommes qui ont de l'instruction sont plus considérés que ne le sont

* Réglement de 1649, art. 5.
Arrêt du Parlement de Paris, du 3 septembre 1674.
Sentence du 15 juin 1677.
Edit du mois d'août 1686, art. 21.
Arrêt du Parlement de Paris, du premier mars 1687.
Réglement du 28 février 1723, titre 4, art. 20.
Arrêt du conseil, du 10 septembre 1725, art. 1, 2 et 3.

sont ceux qui n'en ont point : et l'homme considéré donne au gouvernement qu'il sert, indépendamment de la garantie pécuniaire, une garantie morale d'un effet beaucoup plus sûr.

J'ai déjà fait remarquer que les articles du réglement de 1723 sur la police des imprimeries, des ouvriers et apprentis, des fondeurs, etc., etc., etc., étaient excellens : il s'agirait de les refondre dans le réglement à faire ; et par l'exécution de ce réglement, confiée à des personnes adroites et sur-tout fidèles, on atteindrait le but que l'on doit se proposer en régularisant l'imprimerie, je veux dire, la sûreté publique et la perfection de l'art.

De la Librairie.

Le commerce des livres a, de tems immémorial, donné de la considération à ceux qui s'y sont livrés, sur-tout lorsqu'ils avaient l'intelligence et les lumières qu'il exige. La profession de libraire a toujours été regardée comme une des plus nobles et des plus distinguées.

Charlemagne, associant la librairie à l'université, la fit jouir des mêmes franchises et priviléges.

Philippe de Valois, Charles V et Charles VI, ajoutèrent encore à ces prérogatives.

L'imprimerie fut inventée, et la librairie, prodigieusement étendue, recréée pour ainsi dire par cette invention, partagea avec le nouvel art l'attention et la bienveillance des souverains : huit rois consécutifs daignèrent s'en occuper et l'honorèrent de leur protection. Ils voulurent que les libraires fussent des négocians lettrés ; et c'est à cette instruction qui distinguait les Plantin, les Vascosan, les Etienne et les Didot, que l'on doit les belles éditions grecques et latines qu'ils ont données.

Sous l'empire du dernier réglement, non-seulement les candidats subissaient un examen sur le fait de la librairie ; ils étaient encore tenus de rapporter un certificat du recteur attestant qu'ils étaient congrus en langues latine et grecque.

Malgré ces connaissances exigées des libraires, malgré la protection des souverains et les franchises dont jouissait la librairie, le commerce des livres n'avait pas, en France, avant la révolution, l'extension qu'il pouvait avoir : et de tems à autre, et presque périodiquement il était désolé par des faillites considérables.

Aujourd'hui, s'il n'est pas anéanti, ceux qui s'y livrent sont en général dans un état voisin de l'indigence.

D'une part, la désuétude du dernier réglement, qui donnait carrière aux contrefacteurs et à l'introduction en France des livres français fabriqués à l'étranger; de l'autre, des chances funestes particulières à ce commerce, voilà la cause des catastrophes périodiques de la librairie avant la révolution !

Les contrefaçons, la censure qui s'exerce sur les livres après l'impression, et qui devrait avoir lieu auparavant ; le défaut de réglemens, et encore l'ignorance des libraires, voilà les causes de l'état misérable dans lequel se trouve aujourd'hui la librairie française !

J'ai déjà dit quel tort immense apportaient à la librairie de France les contrefaçons, et l'introduction des livres français fabriqués au dehors ; quel désavantage elles donnaient à la balance du commerce national. Je ne m'étendrai pas davantage sur ce sujet.

J'ai avancé en outre que la fabrication des livres présentait au fabricant des chances défavorables auxquelles les autres manufacturiers ne sont pas exposés.

Je vais le démontrer.

Dans les manufactures, en général, la valeur réelle des matières premières augmente en proportion de la perfection qu'on leur donne : ainsi, par exemple, dans les manufactures de papier, le chiffon, que le fabricant n'a payé que 12 à 20 centimes la livre, a lorsqu'il a été converti en papier, une valeur réelle de 60 centimes à 1 fr. 50 centimes la livre : ainsi le quin tal de laine, qui a coûté au fabriquant de draps 150 fr. par exemple, a une valeur réelle de 600, de 1000 fr. même, lorsqu'il a été converti en draps. Le plus ou le moins dépend du plus ou du moins de perfection de la fabrication. Qu'un fabricant de papiers, qu'un marchand de draps éprouvent des besoins, ou veuillent réaliser leurs magasins en écus, sous peu de jours ils y réussiront, en fesant une remise extraordinaire de 15, 10, 5 pour cent, parce que le papier et le drap sont d'un usage général, non-seulement en France, mais dans le monde entier, et qu'il est inoui qu'on ait été forcé, faute de pouvoir les vendre, de détruire des papiers blancs ou des draps.

Mais il n'en est pas ainsi de la fabrication des livres. A peine la matière première a-t-elle pris la forme de livre, qu'elle a perdu les deux tiers au moins de sa valeur réelle.

Par exemple, une rame de papier d'impression ordinaire coûte 12 fr. En passant sous la presse, elle a nécessité une dépense de 30 fr. : total 42 fr. Qu'on ne croye pas qu'alors sa valeur réelle soit de 42 fr. : au contraire, elle n'est plus que de 4 fr. ; c'est le prix réel ; c'est celui que l'épicier et le fabriquant de papiers peints donnent de la rame de papier imprimé : on vendra à ce prix le bon et le mauvais livre ; mais on n'est sûr de vendre qu'à ce prix. Certainement, si le livre est bon, et que le contrefacteur le respecte, il aura du débit, et l'éditeur en retirera un bénéfice raisonnable. S'il est médiocre au contraire, et que le propriétaire soit pressé de vendre, il retirera à peine de son édition entière la moitié de ses avances, parce qu'il n'y aura pas de concurrence pour l'acquisition d'une édition considérable peut-être, dont la vente sera douteuse, et très-lente, en admettant la meilleure supposition. Mais si le livre est mauvais, s'il n'a pas de débit (ce qui arrive très-souvent), voilà le libraire forcé d'avoir recours au fabricant de papiers de tenture ou à l'épicier ; et tandis que le fabricant de draps n'aurait perdu que 15 pour cent, le libraire perd 38 fr. sur 42 qu'il a dépensés. La perte qu'il fait est donc considérable; elle dérange sa fortune : il se trouve ruiné peut-être, parce qu'il a eu le malheur de se tromper sur le mérite d'un livre ; et non-seulement il porte la peine de sa légèreté ou de son ignorance, mais il la fait retomber sur ceux qui ont eu confiance en lui : ce qui est très-dangereux dans un commerce où il faut une confiance générale extrême, une espèce de solidarité.

L'exemple que je cite est celui d'un libraire acquéreur d'un manuscrit, et qui a ou doit avoir le droit exclusif de le faire valoir.

Je suppose que le libraire ait fait sa spéculation sur un livre du domaine public. S'il a fait une belle édition, il peut se trouver en concurrence avec vingt libraires qui auront réimprimé le même ouvrage beaucoup plus mal, mais qui, par cette raison, pourront le donner à meilleur marché. Ces misérables éditions s'enlèveront, et la sienne restera dans son magasin.

Les draps, les toiles, la quincaillerie, etc., etc., etc., sont des objets de nécessité ; les livres sont, généralement parlant, les classiques exceptés, des articles de luxe ou d'agrément : on est forcé de se vêtir et de fermer sa porte ; on ne l'est pas de devenir savant. Le commerce des uns embrasse le monde entier ; le commerce des autres s'arrête là où commence la différence des langues. Voilà pourquoi les matières premières qui sont employées à la fabrication des draps, des toiles, etc., augmentent de valeur réelle en proportion du talent de celui qui les emploie ; voilà pourquoi celles qui servent à la confection des livres diminuent de valeur. C'est aussi par cette raison que le métier le plus périlleux de tout est celui de fabricant de livres.

Ce n'était pas assez que la librairie fût par son essence une profession extraordinairement périlleuse : depuis la révolution, l'ignorance de ceux qui l'ont embrassée, ignorance telle qu'il en est plusieurs qui savent à peine lire, est venue ajouter encore à ce que cette profession a de chanceux et de défavorable. Ajoutez à cela le défaut de tout réglement organique ; l'audacieuse immoralité des contrefacteurs enhardis par ce défaut de réglemens ; et tout-à-la-fois la liberté de la presse admise en principe, et une censure intempestive!.... et qu'on s'imagine le désordre et les calamités qui doivent régner au milieu de cette incomparable confusion et de cette incohérence d'idées. Une chose m'étonne par-dessus tout, c'est qu'il se trouve encore des gens assez osés pour fabriquer des livres.

Vers le milieu et la fin du siècle dernier, on s'est beaucoup élevé contre la censure : et il ne faut pas trouver étonnant que des gens qui voulaient bouleverser l'état trouvassent tyrannique une mesure qui les déconcertait dans leurs projets insensés. Ils tonnaient contre celui qui, usant de son droit, interdisait l'accès de sa maison à des forcenés qui voulaient l'en chasser et la détruire. Mais aujourd'hui qu'une fatale expérience a donné la mesure de ces déclamations, et qu'elles sont appréciées au poids du sens commun *, on est forcé de convenir que la censure des livres est utile, salutaire, indispensable. Elle garantit si bien les auteurs, les libraires, le gouvernement! Après les désastres d'une révolution sans exemple, un grand empire qui a attaché à sa puissance des peuples qui n'ont ni les mêmes habitudes, ni les mêmes préjugés, ni le même langage, des peuples tout étonnés de se trouver soumis aux mêmes lois, ne peut, ce me semble, laisser sans danger l'opinion publique errer sans guide et sans frein. Mais si la censure est indispensable en France, il faut essayer de l'exercer avec discernement : il faut qu'elle ait lieu *avant l'impression* : car si vous attendez qu'elle soit terminée pour prononcer si le livre sera ou ne sera pas publié, il est certain que l'éditeur peut perdre le prix de son édition. Le libraire sera donc puni, parce qu'il n'aura pas eu les connaissances ou le discernement d'un censeur; il sera puni, peut-être parce qu'il n'aura pas eu, sur une question qui aura divisé les conseillers du prince, la même opinion que la majorité. C'est trop, beaucoup trop exiger d'un très-simple particulier, plus occupé de son commerce que des grandes questions d'intérêt public; et la timidité, la réserve, la crainte qui ne le quitteront pas jusqu'à ce que son livre ait été imprimé et censuré, et le dommage qui en peut résul-

* Je défie de citer un seul livre utile pour lequel on ait, sous l'ancien gouvernement, refusé un permis d'imprimer.

ter pour sa fortune, doivent nuire beaucoup au commerce des livres en général.

Je voudrais donc :

1°. Que la censure sur les livres fût rétablie, et qu'elle fût exercée avant l'impression ;

2°. Que les libraires qui s'établiraient à l'avenir, fussent au préalable examinés sur le fait du commerce des livres et sur la langue française ; et dans les villes au-dessus de 50 mille âmes, sur les langues latine et grecque ;

3°. Qu'une administration à l'instar de celle des douanes, et composée de personnes actuellement étrangères à l'imprimerie et à la librairie, fût chargée de l'exécution du réglement sur ces deux professions ;

4°. Que les frais qu'entraînera cette administration fussent supportés par les libraires.

Je passe au Projet de Réglement, dans lequel on trouvera des dispositions que le tems ne me permet pas de développer, mais dont la nécessité sera, je l'espère, facilement reconnue.

PROJET de Réglement pour la Librairie et l'Imprimerie.

Dispositions fondamentales.

Art. 1. Les productions de l'esprit ou du génie sont la propriété exclusive de ceux qui les ont créées : en conséquence, les auteurs d'écrits en tout genre, les compositeurs de musique de toute espèce, les peintres, dessinateurs, architectes ou géographes, qui font graver des tableaux, dessins, plans ou cartes, les sculpteurs qui font mouler leurs ouvrages, jouissent du droit exclusif de vendre, faire vendre et débiter leurs ouvrages dans toute l'étendue du territoire français. Ce droit est transmissible à leurs hoirs à perpétuité.

2. Sont exceptés de cette disposition les ouvrages qui, par l'effet des lois antérieures, sont actuellement tombés dans le domaine public : ces ouvrages pourront être réimprimés par tous les imprimeurs ou libraires indistinctement, en se conformant à ce qui sera prescrit à ce sujet.

3. La contrefaçon en librairie est le vol d'une chose confiée à la foi publique.

4. Il sera créé une administration de la librairie.

5. La censure sur les livres sera rétablie ; elle sera exercée avant l'impression.

6. Le nombre des imprimeurs sera fixé.

7. Les imprimeurs et les libraires fourniront un cautionnement, qui sera déterminé.

8. Les frais de l'administration de la librairie seront le produit d'un droit de timbre qui sera prélevé sur les livres qui seront fabriqués à l'avenir.

TITRE PREMIER.

De l'administration de la Librairie.

Art. 9. L'administration de la librairie sera composée :

D'un directeur-général ;

De 27 directeurs, 1 par chaque division militaire ;

De 79 inspecteurs, un desquels sera attaché à la direction générale. Les 78 restans seront placés chacun dans un des départemens où il n'y aura point de directeurs ;

De 10 sous-inspecteurs, dont quatre attachés au directeur-général, et six aux directeurs de Lyon, Avignon, Angers, Rouen, Marseille et Bruxelles.

10. Indépendamment de leurs fonctions, les directeurs divisionnaires rempliront celles d'inspecteurs, dans les départemens où il ne sera pas établi d'inspecteurs.

11. Les départemens d'outre-mer ne sont point compris dans les attributions de l'administration de la librairie.

12. Nul individu exerçant actuellement l'imprimerie, la librairie, la fonderie en caractères, la reliure ou la gravure, ne pourra faire partie de l'administration de la librairie; et s'il est appelé à en faire partie, il sera tenu d'opter.

13. Il y aura des examinateurs pour le fait de la librairie, de l'imprimerie, et des autres connaissances exigées des candidats. Les examinateurs seront au nombre de 6 à Paris, 2 à Lyon, 2 à Poitiers, et 2 à Bruxelles. Leurs arrondissemens seront déterminés.

14. Les examens auront lieu en présence du préfet du département et du directeur de la librairie, et concurremment avec eux.

15. Ces examinateurs seront choisis parmi d'anciens imprimeurs ou libraires qui auront les connaissances requises.

16. Il sera perçu, au profit des examinateurs, pour chaque certificat qu'ils délivreront, une somme qui ne pourra excéder le vingtième du cautionnement.

17. Le préfet du département et le directeur de la librairie pourront, nonobstant le certificat délivré par les examinateurs, adresser au ministre de l'intérieur ou au ministre de la police générale, toutes notes et documens sur la capacité ou la moralité du candidat.

18. Les directeur-général, directeurs, inspecteurs et sous-inspecteurs de la librairie, et examinateurs, seront nommés par Sa Majesté, sur la proposition du ministre de l'intérieur.

TITRE II.

De la garantie de la propriété littéraire.

Registre conservateur.

19. Il sera ouvert à l'administration générale à Paris un registre pour la conservation de la propriété des productions de l'esprit ou du génie.

Ce registre sera le bilan des propriétés particulières: tous les ouvrages qui n'y seront pas inscrits seront du domaine public.

20. Les auteurs ou cessionnaires d'ouvrages qui ne sont pas, par l'effet de la loi du 19 juillet 1793, tombés dans le domaine public, et ceux qui par la suite feront imprimer leurs productions, seront tenus de se faire inscrire sur le registre conservateur, et d'y faire transcrire l'intitulé de leurs ouvrages.

21. Pour obtenir la transcription sur ce registre, les propriétaires d'ouvrages actuellement publiés seront tenus de remettre deux exemplaires signés d'eux des éditions originales précédemment faites, pour être déposés dans la bibliothèque de l'administration.

22. Chaque propriétaire d'ouvrage nouveau sera tenu, avant la publication, de le faire inscrire sur le registre conservateur, et d'en adresser sans frais huit exemplaires au directeur de sa division.

23. Nulle production de l'esprit ou du génie, non encore publiée, de quelque étendue et sous quelque dénomination qu'elle soit, ne sera inscrite sur le registre conservateur, que dans le cas où elle aura été approuvée par un censeur, et revêtue du permis d'imprimer ou publier délivré par le ministre de l'intérieur, et après que le droit du timbre aura été payé suivant le tarif fixé par l'article 43, et que huit exemplaires en auront été remis au directeur de la librairie conformément à l'article 22.

24. Les exemplaires mentionnés en l'article 22 seront placés, savoir deux dans la bibliothèque impériale; un au dépôt du ministère de l'intérieur, un dans la bibliothèque du conseil d'état, deux dans celle de l'administration de la librairie, un dans celle de la direction particulière: enfin, un sera remis au censeur.

25. Chaque exemplaire déposé en vertu des articles 21 et 22, sera signé du propriétaire, et l'administration générale y fera apposer un timbre particulier.

Il en sera donné un récépissé.

26. Ces exemplaires ainsi déposés, signés et timbrés, serviront, le cas de contrefaçon arrivant, de pièces de comparaison dans l'instruction du procès.

27. Tout ouvrage déjà publié qui ne sera pas, con-

formément à l'article 21, transcrit sur le registre conservateur, six mois après l'ouverture de ce registre, fera partie du domaine public.

28. Tout propriétaire qui, dans le délai d'un an après la publication du livre, ne l'aura pas fait inscrire ou n'aura pas fait la remise des huit exemplaires mentionnés en l'article 22, sera déchu de son droit de propriété.

29. A chaque mutation, le nouveau propriétaire sera tenu de se faire inscrire dans les trois mois, à peine de 500 francs d'amende; mais il ne sera pas tenu de faire un nouveau dépôt d'exemplaires.

30. Le registre conservateur sera imprimé tous les ans aux frais de l'administration. Il en sera envoyé à chacun des directeurs divisionnaires, des inspecteurs et sous-inspecteurs, un exemplaire certifié par le directeur-général.

Il sera rendu public par la voie du commerce.

31. Chaque libraire ou imprimeur de France sera tenu de s'en procurer un exemplaire, qui sera certifié par le directeur divisionnaire.

Il en sera de même pour le supplément, qui sera publié tous les trois mois.

32. L'administration générale fera en outre parvenir aux directeurs particuliers et inspecteurs la note des changemens qui auront eu lieu sur le registre dans cet intervalle.

Des contrefaçons.

33. L'impression des livres ou autres productions de l'esprit ou du génie, inscrits sur le registre conservateur, faite par d'autres que par les auteurs ou leurs ayans-cause, ou sans leur autorisation par écrit approuvée par le directeur-général, est le délit de contrefaçon.

34. Ce délit emporte, indépendamment de la peine afflictive et infamante, la confiscation des éditions contrefaites, et une amende de la valeur de mille exemplaires de l'édition originale.

35. Les mêmes peines auront lieu contre les débitans et les recéleurs d'éditions contrefaites.

36. La loi appelle débitant d'éditions contrefaites,

tout libraire chez lequel on trouverait deux exemplaires contrefaits du même ouvrage.

37. Elle appelle recéleur, tout individu, autre qu'un libraire, chez lequel on trouverait plus de six exemplaires de la même contrefaçon.

38. L'amende sera fixée comme suit :

15 fr. par chaque volume *in-folio*,

8 fr. par chaque vol. *in*-4°.,

4 fr. par chaque vol *in*-8°.,

2 fr. par chaque vol. *in*-12,

1 fr. par chaque vol. *in*-18 et tout autre de format inférieur.

39. Dans le cas où le propriétaire de l'ouvrage contrefait aurait fait paraître de éditions de formats différens, on prendra pour base de l'amende le prix moyen de ces différentes éditions : ainsi, si la moindre édition originale valait 2 fr., et la plus chère 8 fr. l'exemplaire, l'amende sera fixée à 5 fr.

40. Afin que les libraires et autres ne puissent arguer de bonne-foi sur le fait de contrefaçons, tout détenteur d'éditions contrefaites sera tenu, dans les trois mois qui suivront la promulgation de la loi, de les représenter à l'inspecteur ou au directeur de la librairie de son arrondissement. Il sera, aux frais du possesseur, appliqué une empreinte particulière sur chaque première page des éditions. Le prix de cette empreinte ou estampille sera le même que celui du timbre fixé par l'article 43.

41. Le tiers de ces éditions sera remis à l'auteur ou à son cessionnaire, pour l'indemniser du tort que la contrefaçon lui aura fait éprouver, et les deux autres tiers resteront à la disposition du contrefacteur, qui sera autorisé à les vendre.

Du timbre.

42. Toute édition qui sera faite à dater de la promulgation de la présente loi, portera le timbre de l'administration de la librairie, sur la première page du premier volume.

43. Le prix du timbre de la librairie sera fixé à :

5 centimes par chaque vol. in-18 et au-dessous.
10 cent. par vol. in-16 ou in-12.
20 cent. par vol. in-8°.
40 cent. par vol. in-4°.
75 cent. par vol. in-folio.

44. Les livrets dont il sera fait mention à l'article 73, les factums et mémoires, les requêtes et placets, les cartes géographiques et estampes, ne seront soumis qu'à la moitié du droit de timbre.

45. Les feuilles volantes ou fugitives, affiches et placards, qui concerneront des particuliers, seront soumis à un droit de timbre de trois centimes.

46. Les billets d'enterrement sont exempts du droit de timbre.

Le sont pareillement les réglemens et ordonnances émanés des autorités constituées, et les arrêts et jugemens des tribunaux.

47. Toutes les impressions soumises antérieurement au timbre ordinaire de la régie, continuent de l'être comme par le passé; elles ne seront pas soumises au timbre de la librairie.

48. Le prix du droit de timbre perçu par l'administration sera mentionné sur le timbre, ainsi que le numéro de la direction de l'arrondissement.

49. Tout imprimeur ou libraire, auteur, peintre, dessinateur, architecte ou géographe, compositeur de musique; tout marchand de tableaux, plans, dessins, musique ou cartes géographiques, qui aura obtenu un permis d'imprimer ou réimprimer, soit un ouvrage du domaine public, soit un ouvrage du domaine particulier, sera tenu d'acquitter auparavant le prix du timbre, et il lui en sera donné quittance.

50. Néanmoins le timbre ne sera apposé que lorsque l'édition sera achevée, ce que l'éditeur sera tenu de faire constater par l'inspecteur ou le directeur le plus voisin.

51. Le directeur-général et les directeurs particuliers auront seuls le droit de faire appliquer le timbre de la librairie.

52. Tout éditeur qui fera mettre un livre sous presse avant d'avoir acquitté les droits de timbre,

sera condamné, par voie de police correctionnelle, à une amende qui ne pourra pas être moindre du double de ces droits, ni en excéder quatre fois le prix, et ce pour la première fois. En cas de récidive, il payera quatre fois le montant de ces droits, et sera condamné à six mois de détention. Dans ce dernier cas, il sera en outre déchu de son état pour toujours; la propriété sur laquelle la contravention aura eu lieu fera partie du domaine public, et l'édition faite en contravention sera confisquée.

53. Lorsque la déchéance d'état aura été prononcée contre un imprimeur ou un libraire, tout acte fait depuis à son avantage, toute obligation souscrite depuis à son bénéfice, pour raison de cet état, sera regardé comme nul en ce qu'il lui serait avantageux. Toutefois les engagemens qu'il aura contractés ou contractera, seront exigibles.

54. Tout individu qui sera convaincu d'avoir contrefait ou employé sciemment le timbre contrefait de la librairie, subira la peine portée contre les contrefacteurs du timbre national.

55. Toute personne, libraire, imprimeur, ou autre, chez laquelle on aura trouvé des éditions revêtues d'un timbre contrefait, sera admise à arguer de sa bonne foi.

De la réimpression des livres du domaine public.

56. Tout libraire ou imprimeur qui voudra imprimer ou faire imprimer un livre non-inscrit sur le registre conservateur, en fera la demande au directeur de sa division. Il y joindra un exemplaire du livre paraphé, et un modèle triple du papier et une triple épreuve des caractères qu'il destinera à la nouvelle édition: le tout sera signé par le demandeur. L'épreuve formera au moins une page du format, de la justification et de la longueur de celles de l'édition projetée.

57. Le directeur transmettra l'exemplaire avec un seul modèle et une seule épreuve au directeur-général, qui ne pourra refuser le permis d'imprimer en aussi grand nombre que le demandeur le jugera convenable, si le papier et les caractères sont bons, et les marges suffisantes; à moins cependant que le livre pour lequel

on aura demandé le permis d'imprimer, quoique non inscrit sur le registre conservateur, n'eût pas été publié depuis plus d'un an, délai requis pour la déchéance du propriétaire en retard, conformément à l'article 27.

58. Le permis d'imprimer fixera le délai accordé pour exécuter l'édition. Ce délai ne pourra être de plus de trois mois pour chaque volume in-12, de six mois pour chaque volume in-8°., de neuf mois pour chaque volume in-4°., et d'un an pour chaque volume in-folio. Il ne pourra être moindre d'un mois pour chaque vol. in-12, et au-dessous; de deux pour chaque vol. in-8°.; de trois mois pour chaque vol. in-4°., et de quatre mois pour chaque vol. in-*folio*.

59. Dans le cas où le permis d'imprimer sera accordé, le directeur divisionnaire enverra le double du modèle du papier et de l'épreuve à l'inspecteur le plus voisin du domicile du demandeur. Cet inspecteur surveillera l'impression, et sera autorisé à confisquer l'édition si elle n'est pas conforme au modèle souscrit par le demandeur.

60. Il sera payé par le demandeur, à l'administration générale, un droit pour la délivrance de chaque permis d'imprimer, délivré soit par le ministre de l'intérieur, conformément à l'article 70, soit par le directeur de la librairie, en vertu de l'article 57, suivant le tarif ci-après :

20 fr. pour chaque volume *in*-12 ou d'un format inférieur.

30 fr. pour chaque volume *in*-8°.

60 fr. pour chaque vol. *in*-4°.

120 fr. pour chaque vol. *in-folio*.

Ce tarif aura lieu pour toute édition qui n'excédera pas deux mille exemplaires.

Il sera perçu un supplément de droit proportionnel pour les éditions au-dessus de deux mille exemplaires.

Poursuites contre les contrefacteurs.

61. Les directeurs divisionnaires de la librairie, les inspecteurs et sous-inspecteurs, seront tenus de saisir sans délai les livres contrefaits à la requisition des propriétaires. Ils seront également tenus de les saisir d'office ou sur la demande du directeur-général.

Ils saisiront également les brochures ou livres nouveaux pour lesquels il n'aura pas été délivré de permis d'imprimer, et qui par-conséquent n'auront pu être revêtus du timbre de la librairie.

62. A cet effet, ils sont autorisés à se transporter dans tous les lieux où ils soupçonneront qu'il existe des livres prohibés de quelque espèce qu'ils soient ; et leurs procès-verbaux, dressés en présence de deux témoins qui les attesteront par écrit, seront valides en justice, comme s'ils avaient été faits par des commissaires de police ou des juges de paix.

63. Lorsqu'un ouvrage dramatique qui ne fera point partie du domaine public sera affiché ou représenté, les directeurs ou inspecteurs de la librairie se feront exhiber le consentement par écrit de l'auteur ou de ses ayans-cause.

Dans le cas de contravention, ils confisqueront la recette de la représentation, les habits, décorations et ustensiles qui y auront servi.

Ils feront en outre poursuivre les contrevenans en dommages-intérêts, qui ne pourront excéder 2000 fr. ni être moindre de 200 fr.

64. Le produit des amendes, dommages et intérêts, et confiscations pour contraventions au réglement en ce qui concerne les propriétés du domaine public, seront prononcées au profit de l'administration de la librairie.

Lorsqu'il s'agira d'une propriété particulière, la moitié de ces amendes, dommages et intérêts, et confiscations, appartiendra à l'administration de la librairie, et l'autre moitié aux auteurs ou à leurs ayans-cause.

65. Les causes relatives à la fabrication ou à la vente des livres contrefaits sont de la compétence des tribunaux criminels.

66. Les poursuites en seront dérigées à la requête des auteurs ou de leurs cessionnaires ; et au moyen du bénéfice qui est alloué à l'administration de la librairie, par l'article 64, elle en supportera seule les frais.

67. Les directeurs et inspecteurs de la librairie tiendront un registre particulier du produit des amendes et confiscations.

TITRE III.

De la Censure.

68. Il sera créé vingt-quatre censeurs en librairie, qui résideront à Paris.

69. Tout propriétaire de manuscrits, autres que ceux désignés dans les articles 73 et 75, qui désirera les faire imprimer, les adressera signés de lui et paraphés, au directeur-général de la librairie, qui les soumettra au censeur qu'il jugera le plus propre à en connaître.

70. Lorsque le manuscrit aura été approuvé, il sera adressé au ministre de l'intérieur, qui délivrera un permis d'imprimer.

71. L'ouvrage sera imprimé conformément au manuscrit approuvé, et tout auteur ou éditeur qui y ferait ou ferait faire des changemens, sera tenu de les faire approuver, à peine de confiscation de l'édition.

72. Lorsque l'impression sera terminée, le manuscrit qui aura servi à l'impression sera déposé à la bibliothèque de la direction générale, et la mise en vente n'en pourra avoir lieu auparavant.

73. Aucuns libraires, imprimeurs ou autres, ne pourront faire imprimer ou réimprimer aucuns livrets, ni même des feuilles volantes ou fugitives, placards et affiches, sans en avoir obtenu la permission des autorités locales chargées de la police.

Par livret, la loi entend tout ouvrage dont l'impression n'excède pas la valeur de deux feuilles en caractère cicéro.

74. Les pièces de théâtre sont exceptées des dispositions de l'article précédent : elles seront censurées comme les livres.

75. Sont dispensés de la censure et de l'approbation des autorités locales, les factums, mémoires, requêtes et placets; les arrêts, jugemens et ordonnances; les arrêts d'ordre et d'homologation, et tout ce qui tient à l'ordre et à la discipline publique, ou au service public, civil ou militaire. Mais dans tous les cas, la copie qui en sera remise aux imprimeurs

sera

sera signée soit par les procureurs impériaux ou généraux, soit par les chefs des administrations publiques, soit par les avocats et avoués, chacun en ce qui le concerne.

76. Les productions de l'espèce de celles mentionnées dans les articles 73 et 75 ne seront point inscrites sur le registre conservateur, à moins que les auteurs ne se conforment à ce qui est prescrit par l'article 23.

77. Nul ne pourra imprimer ou réimprimer aucuns livres ou livrets sans y insérer, au commencement ou à la fin, des copies entières de l'approbation de ceux qui les auront lus et examinés, et des permissions sur lesquelles ils auront été imprimés ou reimprimés.

Pour la musique, les cartes géographiques et estampes, il sera fait une simple mention du permis et de la date de la délivrance : cette mention sera apparente.

78. Les articles du présent titre seront ponctuellement exécutés, à peine contre les contrevenans de confiscation de la propriété des livres, livrets, etc., sur lesquels l'infraction aura eu lieu, de la confiscation des exemplaires, d'amende, clôture de boutique, et autres plus grandes peines, s'il y échoit.

79. Les permis d'imprimer accordés pour tel livre, livret, feuille volante ou affiche que ce soit, pour la musique, les gravures, estampes, etc., seront, avant la mise sous presse et dans les trois mois du jour de leur obtention, inscrits sur un registre tenu à cet effet par les directeurs et inspecteurs de la librairie, à peine de nullité.

TITRE IV.

Des livres étrangers.

80. Il est défendu de faire imprimer aucuns livres français à l'étranger, à peine de confiscation des exemplaires, et de six mille livres d'amende contre les contrevenans, pour la première fois; et pour la seconde, de déchéance d'état, si le contrevenant est imprimeur ou libraire.

81. L'introduction en France de tout livre en langue

étrangère, ne pourra avoir lieu sans une autorisation du ministre de la police générale.

82. Aucun livre français imprimé à l'étranger ne pourra être introduit en France que sur l'autorisation du ministre de la police générale. Cette autorisation ne pourra, en aucun cas, être accordée pour plus de six exemplaires : elle ne le sera qu'à un seul libraire ou imprimeur, et sur la soumission qu'il fera de le réimprimer, après l'examen qui en sera fait.

83. Les caisses, balles ou balots contenant des livres seront, à leur entrée en France, adressés à l'inspecteur le plus voisin du bureau d'entrée, à l'effet d'être vérifiée par lui la conformité du permis et des livres introduits.

84. Les livres de l'espèce mentionnée en l'article 85 seront adressés, par l'inspecteur, au ministre de la police générale, qui sera libre de les faire remettre aux censeurs.

85. En cas d'approbation, l'éditeur ne pourra les mettre sous presse, s'il n'en a obtenu la permission du ministre de l'intérieur, et s'il n'a payé les droits du timbre.

Ces livres ne seront point inscrits sur le registre conservateur.

86. Les traductions de livres étrangers seront soumises à la censure et aux formalités prescrites pour les livres du domaine particulier.

87. Il n'est point dérogé aux réglemens et arrêtés relatifs à l'introduction des journaux et autres ouvrages périodiques venant de l'étranger.

TITRE V.

Visite des imprimeries et librairies, et des livres venant tant de France que de l'étranger.

88. Les directeurs, inspecteurs et sous-inspecteurs de la librairie pourront faire, toutes les fois qu'ils le jugeront convenable, la visite des imprimeries, fonderies, boutiques et magasins des libraires, relieurs, marchands d'estampes et de musique, graveurs, et autres.

89. Ils feront au moins une fois tous les deux mois la visite générale des imprimeries de leur arrondissement.

Ils dresseront procès-verbal des ouvrages qui s'imprimeront, des apprentis, compagnons et ouvriers, du nombre de presses, de la quantité et qualité des caractères de chaque imprimerie, et des malversations, s'il y en a; ils se feront représenter les permis d'imprimer, et auront le droit de compulser et arrêter les registres de travail des imprimeurs, les livres de vente et d'achat des libraires. Ils enverront ledit procès-verbal au directeur-général de la librairie.

Ils feront constater leurs visites par ceux chez lesquels ils se seront transportés, et à cet effet ils seront porteurs d'un livret qui leur sera délivré par l'administration.

90. Si quelque imprimeur ou libraire, par malice ou autrement, refusait de constater ces tournées, l'inspecteur ou sous-inspecteur ferait établir le refus par le commissaire de police, le juge de paix ou le maire le plus voisin; et l'imprimeur ou libraire qui aurait fait ce refus serait condamné à 100 fr. d'amende par voie de police correctionnelle.

91. Les directeur-général, directeurs particuliers, inspecteurs et sous-inspecteurs de la librairie, et leurs employés ou préposés, auront, dans tous les cas, le droit de réclamer l'intervention et l'appui de la police locale.

92. Tout imprimeur, libraire, graveur, marchand d'estampes ou de cartes géographiques, devra tenir sur la porte de ses ateliers, magasins ou boutiques, un écriteau en gros caractères portant son nom et sa qualité.

Cet écriteau ou tableau ne pourra être placé ailleurs qu'aux lieux où sera actuellement l'imprimerie.

93. Pendant le tems du travail, les imprimeries seront ouvertes, ou seulement fermées au loquet, à peine de 100 fr. d'amende, payables un tiers par le prote ou conducteur de l'atelier, et le surplus par les ouvriers et apprentis.

94. Il est permis à tous libraires d'avoir des magasins de livres non-ouverts hors de leur demeure; mais ils sont tenus, d'en faire la déclaration expresse à l'inspecteur de l'arrondissement, qui en fera mention sur un régistre destiné à cet effet. Ils ne pourront changer de magasin, sans avoir rempli cette formalité.

95. Tous les livres, licites ou non, qui seront trouvés

2

dans des magasins non-déclarés, seront confisqu
Les contrevenans seront en outre condamnés à u
amende de 2000 francs, sans préjudice de plus grand
peines, s'il y a lieu.

96. Les libraires ne pourront avoir plus d'un magas
ou boutique ouverte pour la vente de leurs livres,
les imprimeurs ne pourront avoir qu'un atelier.

97. Si les inspecteurs trouvent des imprimeri
qui ne soient pas complettes, ils en dresseront procè
verbal, qu'ils adresseront au directeur de la librairie.

Si, dans le courant d'un an après l'injonction de l
completter faite par le directeur, lesdites imprimeri
ne sont pas complettes, conformément à la police, q
en est ordonnée par l'art. 136, les propriétaires sero
tenus de s'en défaire.

98. Les inspecteurs saisiront d'office les caractèr
mauvais et le papier de mauvaise qualité, qui seraie
employés à l'impression.

Ils tiendront la main à ce que les apprentis impr
meurs et libraires soient en exercice actuel.

99. Il est enjoint aux imprimeurs, libraires, fo
deurs, relieurs, doreurs, graveurs, ouvriers, a
prentis, colporteurs et autres, de porter honneur au
directeurs, inspecteurs et sous-inspecteurs de la
brairie, et de leur obéir en fesant leurs charges; il le
est défendu de les injurier, leur méfaire ou médire,
peine de 500 fr. d'amende pour la première fois,
de déchéance d'état et de punition exemplaire en cas d
récidive : le tout sans préjudice de plus grandes peine
s'il y échoit.

100. Tous les livres ou estampes circulant dans l'i
térieur, ou venant de l'étranger aux termes des articl
81 et 82, pour le compte et l'adresse de quelque per
sonne que ce soit, seront visités par l'inspecteur le plu
voisin du lieu de la destination.

En conséquence tous les balots, caisses, balles ou pa
quets contenant des livres ou estampes, gravures
musique, cartes géographiques, des fontes et caractère
servant à l'imprimerie, seront marqués *livres* ou *libri*.

101. Il est défendu à tous maîtres et conducteurs d
voitures, tant par terre que par eau, à leurs commis o
facteurs, et à tous bureaux de douanes, de délivrer
leurs adresses les caisses, balles, balots ou paquets ren

fermant des livres, cartes géographiques, gravures, estampes, ou des caractères d'imprimerie. Il est défendu à toutes personnes, de quelque qualité et condition qu'elles soient, d'en recevoir dans leurs maisons par entrepôt ou autrement. Il est ordonné aux voituriers de les conduire directement au bureau de l'inspecteur de la librairie le plus voisin, à peine contre les contrevenans de confiscation de leurs bateaux, voitures, harnais et chevaux, de quinze cents francs d'amende, et de répondre tant des abus qui en pourront arriver, que de tous dépens, dommages et intérêts envers les libraires, même de punition exemplaire en cas de récidive.

102. Il est fait défenses à tous libraires, imprimeurs, fondeurs, et autres personnes, de recevoir aucuns livres, estampes ou caractères d'imprimerie, quand même ils se trouveraient mêlés avec d'autres marchandises, s'ils n'ont été préalablement visités par un inspecteur de la librairie de l'arrondissement, à peine de confiscation, tant des livres, estampes et caractères, de quelque nature qu'ils soient, que des autres marchandises qui s'y trouveront jointes, de trois mille livres d'amende, et de tous dépens, dommages et intérêts.

103. Les officiers et préposés des douanes et des droits réunis, et les officiers de police, sont autorisés à arrêter ou faire arrêter toute voiture sur laquelle se trouveraient des caisses, balles, balots ou paquets de livres ou estampes, qui passeraient en fraude par des lieux détournés, et à faire transporter lesdites marchandises au bureau de l'inspecteur de la librairie le plus voisin, qui s'en chargera sur le procès-verbal desdits officiers ou préposés.

104. Les caisses, balles, balots ou paquets contenant des livres, estampes ou caractères, autres que ceux venant de l'étranger, seront visités au lieu de leur destination. En conséquence, les voituriers qui en seront chargés seront tenus d'en prendre un acquit-à-caution, dans le bureau de l'inspecteur de la librairie du lieu d'où l'envoi sera fait; et s'il n'y en a pas, dans le plus prochain par où ils passeront. Lesdits paquets, balles ou caisses y seront plombés, et les voituriers y feront sur le registre des acquits-à-caution leurs soumissions par lesquelles ils s'obligeront ou feront obliger pour eux des personnes solvables de présenter au bureau de l'ins-

pecteur du lieu de la destination, ou s'il n'y en avait pas, au bureau de l'inspecteur le plus voisin, lesdits balots, caisses ou paquets plombés, et de rapporter dans trois mois au plus tard un certificat de l'inspecteur écrit au dos dudit acquit-à-caution, portant que lesdits balots, caisses ou paquets lui ont été remis.

105. Les inspecteurs de la librairie délivreront, lorsqu'ils en seront requis, leur certificat de l'état dans lequel ils auront trouvé les livres, estampes ou cartes géographiques, lors de l'ouverture des balles, balots, caisses ou paquets, pour servir à ceux qui les auront fait venir, contre les voituriers et messagers, en cas de déperissement de ces marchandises par leur faute ou négligence.

106. Les balles, balots, caisses ou paquets remis au bureau de l'inspecteur, et non réclamés et retirés après un an à dater du jour qu'ils y auront été apportés, seront ouverts en conséquence d'une ordonnance du président du tribunal civil, en présence d'un commissaire qu'il commettra à cet effet, lequel dressera procès-verbal de ce qu'ils se trouveront contenir, pour, sur ledit procès-verbal, être statué par le directeur-général de la librairie ce qu'il appartiendra.

107. Les inspecteurs visiteront les marchands d'estampes, imagers, dominotiers, imprimeurs en taille-douce, revendeurs et autres, et saisiront les images, gravures, et tableaux dissolus, les caractères d'imprimerie et les presses autres que celles uniquement propres à imprimer des planches gravées en bois ou en cuivre.

108. Il est expressément défendu auxdits imagers, marchands d'estampes, et dominotiers, d'imprimer eux-mêmes en caractères de fonte les explications qu'ils voudraient faire mettre à leurs images ou gravures. En conséquence, lorsque ces explications ne seront pas gravées, ils les feront imprimer par les imprimeurs en lettres, à peine de confiscation et d'amende arbitraire.

109. Afin que ceux qui font commerce d'images, gravures, estampes, musique et cartes géographiques, soient connus de l'inspecteur de la librairie de leur ressort, ils seront tenus de faire inscrire à son bureau, sur un registre tenu à cet effet, leurs noms et demeures et de faire renouveler cette inscription toutes les fois

qu'ils changeront de demeure, à peine d'amende qui ne pourra excéder 3000 fr., ni être moindre de 500 f.

110. Toutes marchandises de librairie qui seront saisies pour contravention seront déposées chez l'inspecteur de la librairie de l'arrondissement, qui s'en chargera par les procès-verbaux de saisie, pour les garder sans frais, jusqu'à ce qu'il ait été statué sur lesdites saisies, sans que sous aucun prétexte elles puissent être transportées ailleurs ou laissées en la garde d'aucun autre gardien.

111. Les estampes, gravures, images, livrets, livres et musique, saisis en contravention, seront lacérés et vendus : le produit en appartiendra moitié aux propriétaires, et moitié à la direction de l'imprimerie.

112. Les préposés des douanes et des droits réunis, et les officiers de police, sont spécialement autorisés à saisir les marchandises de librairie prohibées. Dans ce cas, il leur sera accordé le quart de l'amende et du bénéfice des confiscations; cette portion sera prélevée sur la moitié qui en reviendra à la direction de la librairie.

TITRE VI.

De l'exercice de la profession d'imprimeur ou de libraire.

113. Nul ne pourra, à dater du . . . . tenir imprimerie, magasin ou boutique de libraire, s'il ne s'est fait inscrire sur le tableau qui sera dressé à cet effet par le directeur de la librairie de son arrondissement.

114. Il sera tenu d'indiquer ses ateliers, boutiques ou magasins, et par la suite il préviendra l'inspecteur de la librairie de son arrondissement de toute translation de local.

115. Un double de chaque tableau sera adressé par le directeur divisionnaire au directeur-général, qui fera passer copie de tous au ministre de l'intérieur, au ministre des finances, et au ministre de la police générale.

116. Nul ne pourra, à dater du . . . .

exercer la profession d'imprimeur ou de libraire, s'il n'a fourni un cautionnement, qui sera réglé d'après l'état suivant.

Villes	Imprimeurs.	Libraires.	Imprimeurs-Libraires.
Paris	15,000 fr.	15,000 fr.	25,000 fr.
de 80 mille âmes et au-dessus.	12,000 fr.	12,000 fr.	20,000 fr.
de 40,000 âmes et au-dessus.	8,000 fr.	8,000 fr.	12,000 fr.
de 10,000 âmes et au-dessus.	3,000 fr.	3,000 fr.	5,000 fr.
au-dessous.	2,000 fr.	2,000 fr.	3,000 fr.

Il sera payé en trois termes égaux, de six mois en six mois, à dater du

117. Le cautionnement servira de gage privilégié :

1°. Pour le paiement des amendes et indemnités prononcées pour fait de contravention au réglement de la librairie ;

2°. Pour les obligations contractées au profit des auteurs.

118. L'exercice de la profession sera interdit pour toujours à tout libraire ou imprimeur dont on aura séquestré tout ou partie du cautionnement, à moins qu'il ne l'ait completté dans les trois mois suivans.

119. Le nombre des imprimeurs est fixé à :

36 pour Paris * ;

* Le nombre des imprimeurs pourrait être à Paris de 50 à 60, si l'imprimerie impériale n'était, comme l'ancienne imprimerie royale, chargée que des impressions du conseil-d'état et des différens ministères, et de celle des ouvrages dont Sa Majesté veut gratifier les auteurs. Mais qu'on fasse attention que cette imprimerie, qui n'occupait que dix presses avant 1789, en emploie cent aujourd'hui. Qu'on y ajoute celles des Droits réunis, et l'on trouvera environ 150 presses enlevées aux imprimeurs ordinaires de Paris ; ces 150 presses en feraient vivre trente honorablement.

En exigeant un cautionnement, considérable pour une

6 pour les villes de 80,000 âmes et au-dessus ;
3 pour les villes de 40,000 âmes et au-dessus ;
2 pour les villes de 10,000 âmes et au-dessus.

120. Il y aura, pour chaque préfecture, un imprimeur dans chaque chef-lieu dont la population ne s'élève pas à 10,000 âmes.

121. Il y aura aussi un imprimeur dans chaque sous-préfecture dont la population du chef-lieu ne sera pas au-dessous de 6,000 âmes.

122. Les sous-préfectures dont le chef-lieu ne renfermerait pas 6,000 âmes seront dans les attributions de l'imprimeur de la sous-préfecture la plus voisine. En cas d'égalité de distance, la préférence sera donnée à l'imprimeur de la sous-préfecture la moins populeuse.

123. Ces imprimeurs subiront un examen sur le fait de l'imprimerie, et sur la connaissance des langues française et latine.

124. Ils seront nommés par le ministre de l'intérieur, sur le certificat des examinateurs et l'avis du directeur-général. En cas de concurrence, les plus instruits seront préférés.

Ces imprimeurs ainsi nommés seront appelés *imprimeurs titulaires*.

125. Ne sont point exclus de concourir pour ces places et d'y être admis ceux des imprimeurs qui par des circonstances malheureuses ont été forcés de faillir. Le malheur ne peut être un titre de proscription. Au contraire, en les appelant à des places honorables, il est à penser qu'ils n'en seront que plus empressés à satisfaire leurs créanciers, dont les

profession qui n'est rien moins que riche, il faut tâcher de ne pas lui enlever toutes ses ressources ; il faut sur-tout se donner garde de la rendre misérable et sans considération, en établissant une trop grande concurrence.

Je suis d'ailleurs fortement porté à croire que les impressions des différentes administrations, mises au rabais, coûteraient moins qu'elles ne coûtent à l'imprimerie impériale. Il y a dans les petites fabriques des économies qui ne peuvent guère avoir lieu dans les fabriques colossales. La surveillance d'un homme du métier est plus active, plus efficace que celle que peut exercer une grande administration dont les chefs ne sont pas directement intéressés à économiser.

intérêts seraient en définitif essentiellement lésés par cette exclusion.

Cet acte de bienveillance du gouvernement à leur égard sera un nouveau garant de leur fidélité.

126. Ces places d'imprimeurs titulaires seront transmissibles aux veuves, pourvu qu'elles ne se remarient pas.

127. En cas de mérite égal, les enfans des titulaires seront préférés pour les places de leurs père ou mère.

128. Sont nommés de droit imprimeurs titulaires ceux qui exerçaient la profession avant la révolution, en vertu d'arrêts du conseil, et qui sont actuellement en exercice.

129. Aucun imprimeur ne pourra être interdit de l'exercice de sa profession que dans les cas énoncés dans le réglement.

130. Les imprimeurs et libraires nommés ou tolérés en vertu de la présente loi, et ceux qui le seront par la suite, prêteront devant le tribunal civil de leur arrondissement, et en séance publique, le serment d'observer le réglement de la librairie en ce qui les concerne, et de rester fidèles au gouvernement.

Ce serment sera prêté par les imprimeurs et les libraires actuellement en exercice, dans les trois mois qui suivront leur inscription au tableau prescrit par l'art. 113. A l'avenir, aucun libraire ou imprimeur ne pourra entrer en exercice de sa profession, s'il n'a prêté le serment; et quant à l'imprimeur, s'il n'a rempli ce qui est prescrit par l'article 137.

131. Les autorités civiles et militaires et les administrations publiques seront tenues de faire faire les impressions nécessaires au service par les imprimeurs titulaires de leur résidence.

Ces impressions seront adjugées au rabais, dans les villes où il y aura plusieurs imprimeurs titulaires.

Dans le cas contraire, les parties pourront faire régler les mémoires par le directeur de la librairie, sur l'avis de l'inspecteur le plus voisin de l'imprimeur.

132. Tous les imprimeurs en exercice au moment

de la promulgation de la loi, pourront continuer l'exercice de leur profession, en se conformant à l'article 116 qui fixe le cautionnement, et à tout ce qui est prescrit pour les autres imprimeurs. On les appellera *imprimeurs tolérés.*

133. Dans la huitaine qui suivra le décès d'un imprimeur toléré, son imprimerie sera transportée au bureau de l'inspecteur de la librairie de l'arrondissement, et y restera déposée jusqu'à ce que ses héritiers l'aient vendue.

134. Si l'imprimerie n'est pas vendue par les héritiers dans l'année qui suivra le décès de l'imprimeur toléré, elle le sera à la diligence de l'inspecteur de la librairie, par le moyen de l'adjudication aux enchères, et le produit en sera remis aux héritiers.

Les fondeurs et imprimeurs pourront seuls en faire acquisition.

135. Les imprimeurs, pour être reçus par la suite, subiront un examen satisfesant sur la connaissance de leur art et des langues française et latine; ils seront tenus en outre de savoir lire le grec.

136. Les imprimeurs sont tenus d'avoir neuf sortes de caractères au moins, avec leurs italiques, depuis le gros-canon jusqu'au petit-texte inclusivement. Les fontes seront bonnes, et de la quantité qui suit; savoir, le gros-romain, le saint-augustin, le cicéro et le petit-romain, de quantité suffisante pour faire au moins trois feuilles chacun, grand in-8°. sans interlignes; et les autres à proportion de l'usage dont elles sont.

A Paris, et dans les villes au-dessus de trente mille âmes, le nombre de presses est fixé à quatre au moins, et à trois au moins dans toutes les autres villes.

137. Aucun imprimeur ne pourra, par la suite, entrer en exercice, nonobstant sa nomination par le ministre de l'intérieur, si son imprimerie n'est pas complettée; ce qu'il sera tenu de faire constater par l'inspecteur de la librairie de son arrondissement, qui en dressera procès-verbal.

138. Aucun imprimeur ne sera admis à prêter le serment prescrit par l'article 130, que sur la remise

qui aura été faite de ce procès-verbal au président du tribunal civil de son arrondissement.

139. Il est expressément enjoint à tous imprimeurs de se conformer à ce qui leur est prescrit par le titre 3, pour les impressions qui doivent être revêtues du permis d'imprimer délivré par le ministre de l'intérieur, et pour celles qui doivent être approuvées par l'autorité chargée de la police locale, et ce sous les peines portées auxdits articles.

140. Quant aux imprimés pour lesquelles nulle permission n'est nécessaire, et dont il est fait mention dans l'art. 75, il est défendu à tout imprimeur de les mettre sous presse, si les copies n'en sont signées par les auteurs, à peine de 500 livres d'amende contre les imprimeurs, qui seront en outre responsables du dommage que ces imprimés pourraient occasionner.

Ces copies resteront entre les mains de l'imprimeur, sans qu'il puisse s'en défaire, sous aucun prétexte.

141. Ceux qui imprimeront ou feront imprimer, vendront, exposeront, distribueront, colporteront des livres ou libelles contre la religion, le service de Sa Majesté, le bien de l'état, la pureté des mœurs, l'honneur et la réputation des familles et des particuliers, seront punis suivant la rigueur des lois.

A l'égard des imprimeurs, libraires, relieurs, ou colporteurs, ils seront en outre interdits pour toujours de l'exercice de leur profession.

142. Les imprimeurs mettront leurs noms à la fin des factums, mémoires, requêtes, placets et consultations des avocats, et à la fin de tout livre ou livret imprimé par ordre des autorités constituées ou des administrations publiques.

143. Les imprimeurs seront en outre tenus d'avoir un registre coté et paraphé, sur lequel ils inscriront, jour par jour, les impressions qu'on leur commandera, en ayant soin d'indiquer la nature des ouvrages, et le nom des personnes qui les commanderont.

144. Tout libraire, graveur et marchand d'estampes, images, cartes géographiques ou musique, aura également un registre coté et paraphé, sur lequel il inscrira, jour par jour, les titres et noms d'auteurs, éditeurs,

imprimeurs ou propriétaires des ouvrages qu'il aura reçus pour vendre.

145. Les registres mentionnés aux deux articles précédens seront visés, à la fin de chaque annee, par l'inspecteur de la librairie de l'arrondissement, qui aura le droit de se les faire représenter chaque fois qu'il le jugera convenable.

146. Les imprimeurs mettront le nom et la demeure du libraire sur la première page de chaque livre, livret, ou brochure qu'ils mettront sous presse; lesdits imprimeurs mettront leurs noms à la fin.

147. Tout imprimeur est tenu de mettre son nom au bas de chaque imprimé pour lequel le permis de l'autorité chargée de la police locale est nécessaire.

148. Les infractions aux sept articles précédens seront punies d'amende arbitraire, sans préjudice de plus grandes peine, s'il y échoit.

149. Les imprimeries tolérées, et celles des imprimeurs titulaires qui ne seront pas complettes, savoir: les premières, trois mois après la promulgation de la présente loi; et les autres, trois mois après la nomination des titulaires, seront supprimées.

150. Les imprimeurs et libraires feront imprimer les livres en beaux caractères et sur de beau papier, à peine de saisie (voyez l'art. 98).

151. Il est défendu aux imprimeurs et libraires de prêter leur noms à qui que ce soit pour tenir imprimerie, boutique ou magasin de livres, à peine de confiscation des imprimeries et des livres au profit de la direction de la librairie, et de deux mille livres d'amende, tant contre ceux qui auront prêté leurs noms que contre ceux qui s'en seront servi.

152. Il est défendu à tous imprimeurs, libraires, graveurs, imagers, marchands de cartes géographiques, ou autres, marchands ou graveurs de musique, de supposer un autre nom d'imprimeur, libraire, graveur, imager, marchand de cartes ou de musique, et de le mettre au lieu du leur en aucun livre, gravure, carte ou musique, comme aussi d'y apposer les chiffre, timbre, marque ou griffe d'aucun autre: à peine d'être punis comme faussaires, de trois mille livres d'amende, et de confiscation des exemplaires.

153. Le nombre des libraires n'est pas fixé.

Toutes les personnes exerçant actuellement cette profession peuvent en continuer l'exercice en se conformant au réglement en ce qui les concerne.

154. Ceux qui par la suite voudront se faire recevoir libraires, subiront un examen sur le fait du commerce des livres et de la connaissance de la langue française, de la manière qui a été déterminée pour les imprimeurs. Ils seront tenus de savoir le latin et de lire le grec, s'ils veulent être reçus dans des villes de 50 mille ames et au-dessus.

155. Il est défendu à tout libraire d'acheter aucuns livres, vieux papiers ou parchemins, des enfans, domestiques, serviteurs, écoliers, et de toutes les personnes inconnues, si elles ne sont cautionnées par personnes connues et capables d'en répondre.

156. Ceux qui feront achat desdits livres, papiers ou parchemins, le feront constater sur leurs registres par ceux qui les auront vendus ou qui auront cautionné les vendeurs, lesquels seront tenus de faire mention de leurs noms, demeures et qualités.

157. Il est enjoint à tous libraires et autres de retenir les livres, papiers ou parchemins qui leur seront présentés par personnes inconnues et suspectes, et de les remettre dans les vingt-quatre heures entre les mains de l'inspecteur de la librairie, qui sera tenu d'en donner avis aux magistrats chargés de la police; et dans les lieux où il n'y aura pas d'inspecteur de la librairie, ils seront remis entre les mains de l'officier de police.

158. Les articles 155, 156 et 157 ci-dessus seront exécutés, à peine contre les libraires d'être civilement responsables des livres volés ou détournés qui se trouveront chez eux, et d'interdiction pendant trois mois pour la première fois, et même de punition corporelle en cas de récidive; et contre les personnes autres que des libraires, de punition corporelle pour la première fois.

159. Aucun ouvrage ne sera proposé au public par souscription que par des imprimeurs ou libraires, si la moitié de l'ouvrage imprimé n'a pas été présentée au directeur-général, qui pourra, sur l'avis du directeur divisionnaire, donner son agrément pour la distribution du *prospectus*.

160. Il sera joint au *prospectus* au moins une demi-feuille imprimée, du même format et sur le papier et les caractères que l'éditeur s'engagera d'employer pour l'exécution de l'ouvrage.

161. Aucun libraire ou imprimeur qui aura ouvert une souscription ne pourra recevoir en avance plus du prix d'une livraison, et la consistance de chaque livraison sera déterminée par le directeur-général.

162. Deux mois après les époques déterminées pour la remise des livraisons, les souscripteurs en avance pourront faire séquestrer le cautionnement de l'éditeur en retard, jusqu'à concurrence de ce qui pourra leur être dû.

TITRE VII.

Des libraires étaleurs ou colporteurs.

163. Les libraires qui ne pourront ou ne voudront payer le cautionnement auront la faculté de continuer le commerce des livres avec les restrictions suivantes.

164. Il leur est défendu de vendre dans aucun magasin ou boutique close : seulement ils étaleront leurs marchandises dans des mannes ou sur des tables. A cet effet, les officiers de police leur désigneront les places publiques, quais, promenades ou boulevards où il leur sera permis d'étaler.

165. Aucun libraire ne pourra faire le métier d'étaler des livres dans les endroits publics, s'il ne sait lire et écrire, et qu'après avoir été présenté par le directeur ou inspecteur de la librairie au président du tribunal civil de l'arrondissement, et reçu par lui sur les conclusions du procureur-impérial, ce qui sera fait sans frais.

166. Les libraires étaleurs ainsi reçus prêteront en la même audience le serment prescrit en l'art. 130 pour les imprimeurs et libraires.

167. Tous les étaleurs seront tenus, dans les trois jours qui suivront leur réception, de faire inscrire leurs noms et leurs demeures sur un registre qui sera tenu à cet effet par l'inspecteur de la librairie, avec

soumission de venir déclarer les maisons où ils iront loger, dans le cas de changement de domicile. Ils feront pareille déclaration aux officiers de police de leur ressort, à peine de trois cents francs d'amende et d'interdiction.

Avant leur inscription, ils payeront 500 fr. entre les mains de l'inspecteur, et pour le compte de l'administration de la librairie.

168. Le nombre des libraires étaleurs est fixé à 200 pour Paris; et dans les départemens, il ne pourra excéder celui des imprimeurs.

169. Il leur est défendu d'avoir aucuns imprimés ailleurs que dans leurs maisons, à peine de 500 fr. d'amende, de confiscation, d'interdiction et de prison.

170. Nul libraire étaleur ne pourra faire imprimer aucune chose en son nom ni pour son compte.

171. Ils ne pourront faire étaler ou vendre ailleurs que dans les villes où ils auront été reçus. Il leur est cependant permis de fréquenter les grandes foires, mais avec l'autorisation spéciale de l'inspecteur de la librairie.

172. Ils seront tenus de porter un écusson ou plaque de cuivre, au devant de leurs habits, où sera écrit *libraire colporteur*.

173. La peine contre les infractions aux trois articles précédens sera l'interdiction.

174. Ils se conformeront en outre aux articles de ce réglement qui concernent tant les contrefaçons et les libelles, que l'achat des livres faits à d'autres personnes que les libraires, sous les peines y portées.

TITRE VIII

Des apprentis imprimeurs et libraires.

175. Nul ne pourra, à l'avenir, être reçu imprimeur ou libraire, s'il n'a fait un apprentissage.

176. Pour être admis à l'apprentissage, l'aspirant sera tenu de présenter un certificat du recteur de l'université

versité, dans les villes où il y en a, et dans les autres villes, du proviseur du lycée de l'arrondissement, constatant qu'il sait le français et le latin et lire le grec.

Les apprentis qui se destineront à être reçus libraires dans des villes au-dessous de 50 mille âmes, pourront être dispensés de la connaissance du latin et du grec.

177. Le tems de l'apprentissage sera de quatre années entières et consécutives, et le brevet en sera passé par-devant notaires, au bureau de l'inspecteur de la librairie, en sa présence et de son consentement, et sur le vû du certificat du recteur de l'université ou du proviseur du lycée, dont il sera fait mention dans le brevet, qui sera transcrit tout au long sur un registre tenu à cet effet par l'inspecteur. Et pour ce, l'apprenti payera cent francs entre les mains de l'inspecteur, et pour le compte de l'administration de la librairie.

178. Il est défendu aux imprimeurs et libraires de faire, pour quelque cause que ce soit, aucune remise ni composition du tems de quatre années porté par le brevet d'apprentissage, à peine de quinze cents francs d'amende contre le maître, et contre l'apprenti de servir le double du tems qui lui aura été remis.

179. Les libraires ou imprimeurs n'auront qu'un apprenti à-la-fois. Ils n'en pourront prendre un nouveau avant la dernière année de l'apprentissage commencée.

180. Ils ne prendront aucun apprenti marié, à peine de nullité du brevet.

181. L'apprenti s'absentant de la maison de son maître, sera tenu de faire le double du tems de son absence, pour la première fois. Pour la seconde, il sera déchu de son apprentissage, sans qu'il puisse y être reçu à l'avenir. A cet effet, les maîtres seront tenus d'avertir l'inspecteur du jour de l'absence de leurs apprentis, pour en être fait mention sur le registre et sur le brevet d'apprentissage, à peine de 500 fr. d'amende.

182. A l'expiration du brevet d'apprentissage, l'apprenti retirera quittance de son maître au bas dudit brevet, pour preuve qu'il aura rempli son tems. Cette quittance ne pourra être donnée qu'au bureau

de l'inspecteur et en sa présence : il en sera fait mention tant sur le registre que sur le brevet.

183. Les seuls imprimeurs titulaires, et les libraires, auront le droit de faire des apprentis.

184. Les fils des libraires et des imprimeurs titulaires ne seront tenus de faire aucun apprentissage ; mais ils ne pourront être reçus s'ils n'ont les qualités requises par les art. 135 et 154.

Des alloués.

185. Les imprimeurs et les libraires pourront prendre tels sujets qu'ils voudront pour devenir ouvriers ou commis libraires, pourvu qu'ils sachent lire et écrire. Ils les feront inscrire au bureau de l'inspecteur de la librairie.

186. Lesdits alloués serviront leurs maîtres quatre ans au moins, avant de pouvoir être admis à travailler comme ouvriers, ou employés comme commis libraires.

187. A l'expiration des deux années, il leur en sera délivré, par leur maître, un certificat qui sera visé par l'inspecteur de la librairie. Ils payeront vingt francs pour ce *visa*, entre les mains de l'inspecteur, et pour le compte de l'administration.

188. Lesdits alloués ne pourront parvenir à être reçus libraires ou imprimeurs, à moins qu'ils ne rapportent un certificat d'apprentissage ainsi qu'il est prescrit par les articles 176, 177 et 182.

Il est défendu aux alloués, apprentis et ouvriers, de vendre et négocier aucuns livres pour leur compte particulier, à peine de confiscation des livres et de cinq cents fr. d'amende. En cas de récidive, les apprentis et ouvriers qui auront fait un apprentissage régulier, seront en outre déclarés incapables de parvenir à la maîtrise, et pourront être punis exemplairement.

TITRE IX.

Des ouvriers imprimeurs et des commis libraires.

189. Les apprentis seront tenus, après leur apprentissage, de travailler comme ouvriers ou commis pen-

dant trois ans, avant de pouvoir être reçus imprimeurs ou libraires. Ils en rapporteront les certificats visés par les inspecteurs de la librairie.

190. Les imprimeurs et leurs veuves recevront dans leurs imprimeries tels ouvriers que bon leur semblera, quand même ils n'auraient pas de brevet d'apprentissage.

191. Il est défendu à tout imprimeur ou veuve d'imprimeur, et à tout libraire, d'employer aucun ouvrier ou commis, s'il n'est porteur d'un livret, ainsi qu'il est prescrit par l'article 12 du titre 3 de la loi du 22 germinal an XI. A compter de la promulgation du réglement, les congés des maîtres inscrits sur ces livrets, seront visés par l'inspecteur de la librairie de l'arrondissement; et il est défendu de délivrer aucun passeport aux ouvriers ou commis qui ne justifieraient pas de ce *visa*, à peine de trois cents livres d'amende contre les officiers publics qui auraient délivré le passeport, et de cinquante francs contre l'ouvrier ou commis.

192. Les imprimeurs ou veuves d'imprimeurs, et les libraires, feront inscrire leurs ouvriers ou commis au bureau de l'inspecteur de leur arrondissement, et ils le préviendront de leur départ, huit jours au moins à l'avance, sous les peines portées en l'article précédent.

193. Tout ouvrier ou commis trouvé voyageant sans livret visé ainsi qu'il est dit en l'article 191, sera arrêté et conduit par-devers l'inspecteur de l'arrondissement de sa dernière résidence.

194. Les imprimeurs seront tenus de faire continuer les ouvrages commencés, sans les pouvoir interrompre, si ce n'est pour cause raisonnable. Dans ce cas, ils seront tenus de donner aux ouvriers quelque autre ouvrage de pareille qualité, en attendant que le premier puisse être repris et continué. Si la discontinuation dure plus d'un mois, il sera permis auxdits ouvriers, huit jours après en avoir averti leur maître, de se retirer et d'entreprendre d'autres ouvrages chez un autre, sans qu'ils puissent être contraints de retourner chez le premier, qui sera tenu de leur donner un congé par écrit et sur leur livret.

195. Les imprimeurs pourront congédier les ouvriers, en les avertissant huit jours d'avance; et même avant le terme, pour des causes justes et raisonnables. Sont exceptés les ouvriers qui travaillent à la journée, ou autrement *en conscience*, et dont il sera parlé à l'article 198.

196. Les ouvriers ne pourront, à peine de cinquante francs d'amende, laisser, sans le consentement du maître qui les aura employés, les ouvrages par eux commencés ou sur lesquels ils auront travaillé, soit que lesdits ouvrages aient un ou plusieurs volumes, lorsque l'impression en est faite sans une interruption qui dure plus d'un mois. Lesdits ouvriers, lorsqu'ils finiront leurs labeurs, seront tenus d'avertir leurs maîtres huit jours auparavant que de les quitter, à peine de trente francs d'amende au profit des maîtres.

197. L'imprimeur qui voudra accélérer l'ouvrage commencé pourra en donner partie à d'autres ouvriers, sans qu'il soit permis à ceux qui l'auront commencé de le quitter, sous quelque prétexte que ce soit, à peine de cinquante francs d'amende, et de tous dépens, dommages et intérêts envers le maître.

198. Les directeurs d'imprimeries et les ouvriers travaillant à la semaine ou à la journée ne pourront quitter les maîtres qu'en les avertissant deux mois auparavant. S'ils avaient commencé quelques ouvrages, ils seront tenus de les finir sous les peines portées par l'article 197.

Les maîtres ne pourront congédier lesdits ouvriers qu'en les avertissant un mois d'avance, si ce n'est pour cause juste et raisonnable.

199. Il est enjoint à tous ouvriers de garder et conserver soigneusement les copies sur lesquelles ils auront travaillé, pour être par eux rendues à leur maître, et par ceux-ci aux personnes qui auront fait faire les impressions, lorsque les ouvrages seront revêtus de *permis d'imprimer*.

200. Les ouvriers ne pourront, à peine de punition exemplaire, retenir une seule copie des livres qu'ils imprimeront. Quand l'ouvrage sera terminé, celui qui l'aura fait faire sera tenu d'en remettre gratuitement deux exemplaires au maître, et un au correcteur,

qui lui servira pour faire les tables ; et il payera en argent aux ouvriers la valeur d'un exemplaire.

201. Les imprimeurs qui ne pourront vaquer eux-mêmes à la correction de leurs ouvrages, seront tenus de se servir de correcteurs capables. Si par la faute desdits correcteurs, les épreuves n'étaient pas rendues aux heures accoutumées, ils seraient responsables du dommage que ce retard pourrait occasionner ; et si par leur ignorance ou autrement il était nécessaire de réimprimer les feuilles qui leur auraient été données à corriger, elles le seraient à leurs dépens.

202. Toutes les contestations entre les maîtres et les ouvriers, pour le fait du travail, et pour la hausse ou la diminution du salaire, seront décidées sommairement et sans appel par l'inspecteur de la librairie de l'arrondissement.

TITRE X.

Des fondeurs de caractères d'imprimerie.

203. Le nombre des fondeurs de caractères d'imprimerie n'est pas limité.

204. Avant d'exercer la profession, les fondeurs se feront inscrire au bureau de l'inspecteur, sur le registre des libraires et des imprimeurs. Ils paieront un droit de cinq cents francs pour cette inscription, entre les mains de l'inspecteur et pour le compte de l'administration.

205. Il est défendu auxdits fondeurs d'exercer la librairie ou imprimerie, s'ils n'ont été reçus libraires ou imprimeurs.

206. Les caractères de toute espèce, filets, vignettes, etc., seront fondus d'une même hauteur en papier, fixée à dix lignes et demie géométriques, et tous les caractères de toutes les fonderies se rapporteront pour la susdite hauteur, et chacun en particulier pour le corps qui lui est propre, ensorte que le petit-canon porte deux saint-augustin ; le gros-parangon, un cicéro et un petit-romain ; le petit parangon, deux petit-romain ; le gros-romain, un petit-romain et un petit-texte ; le saint-augustin, un petit-texte et une nompareille ; et le cicéro, deux nompareille.

207. Tous les caractères seront à l'avenir conformes pour les hauteur et corps à la lettre (m) de chaque corps de fonte.

Un nombre suffisant de ladite lettre (m) sera déposé au bureau de l'inspecteur, qui en délivra à chaque fondeur trente de chaque corps, pour servir de modèle; et les fondeurs rapporteront au bureau, après la justification de leurs moules, le même nombre de ladite lettre (m) du bas de casse de leurs frappes, afin que la justesse de chaque corps soit plus parfaitement vérifiée, à peine, contre les fondeurs, de trois cents francs d'amende, et de confiscation des fontes, vignettes et filets qui ne se trouveront pas conformes.

208. Les caractères d'imprimerie seront faits de bonnes matières, fortes et cassantes. Toutes les lettres en particulier seront fondues droites et d'équerre en tous sens, d'une égale hauteur, bien en ligne, sans penchement ni renversement, ni fortes en pied, ni fortes en tête; coupées de manière que les deux extrémités du pied des lettres contiennent ensemble la moitié du corps, bien ébarbées, douces au frotter et au ratisser, d'un cran apparent, bien marqué et à l'ordinaire, que les imprimeurs appellent *cran dessons*. L'épaisseur des corps, ou *approche*, sera déterminée de manière que les lettres ne soient pas trop épaisses en raison du dessin de chacune d'elles. Le tout, sous les peines portées en l'article précédent.

209. Les fondeurs pourront mettre leurs frappes sur d'autres corps interrompus et plus approchés en corps et en épaisseur que les corps ordinaires, en observant toujours la même hauteur en papier. Lesdits corps interrompus, c'est-à-dire, la philosophie, la gaillarde et la mignonne, auront le *cran dessus*, pour les distinguer des corps ordinaires; et ce sous les peines portées en l'article 207.

210. Il est permis aux fondeurs, pendant deux années, de fondre tous les assortimens dont les imprimeurs auront besoin pour les fontes qui leur ont été fournies ci-devant. Passé ledit tems de deux années, tous fondeurs qui feront des assortimens pour les fontes anciennes, et tous imprimeurs qui en feront faire seront condamnés à trois cents francs d'amende.

211. Il est défendu de faire venir aucune fonte de caractères d'imprimerie des pays étrangers, à peine de confiscation et de deux mille francs d'amende contre les contrevenans.

212. Il est expressément défendu aux fondeurs, à peine de deux mille francs d'amende et de punition exemplaire, de livrer leurs fontes à d'autres qu'aux imprimeurs ou à leurs veuves en exercice.

213. Les fontes qui seront envoyées dans l'intérieur et à l'étranger seront déclarées par les fondeurs sur le registre de l'inspecteur de l'arrondissement; elles seront conduites au lieu de la destination sous acquit-à-caution, et de la manière qui a été prescrite à l'égard des marchandises envoyées à l'étranger : à peine de deux mille francs d'amende contre les fondeurs ou imprimeurs.

214. Et afin qu'on puisse facilement reconnaître les fondeurs qui auraient fait des livraisons ou envois en contravention des deux articles précédens, les fondeurs feront graver pour chacune de leurs fontes une lettre portant une marque particulière, ainsi qu'il a lieu de tems immémorial pour les fontes de l'ancienne imprimerie royale *, et de façon que l'œil puisse aisément distinguer à quelle fonderie appartiennent les fontes. La lettre et la marque seront indiquées à chacun d'eux par le directeur-général de la librairie, et aucun fondeur ne pourra entrer en exercice avant d'avoir justifié à l'inspecteur de l'exécution de ces matrices particulières pour chacun des corps qui composent sa fonderie. Il est défendu aux fondeurs de fabriquer des caractères autrement que de la manière prescrite par le present article, à peine de trois mille francs d'amende et d'interdiction perpétuelle de l'exercice de la profession.

215. Les fondeurs pourront avoir dans leurs fonderies telles personnes qu'ils voudront, pour être élèves et devenir ouvriers, à condition d'en faire la déclara-

* Les caractères de l'imprimerie royale portent une marque particulière qui les fait reconnaître à l'œil le moins exercé. Les (l) du bas de casse de chaque fonte ont un point au milieu et sur la gauche. Il serait à désirer, pour la police du métier, que les fondeurs eussent une marque pareille, chacun sur une lettre différente.

tion à l'inspecteur de la librairie ; cette déclaration sera inscrite sur un registre particulier.

216. Les ouvriers fondeurs seront tenus d'achever les fontes par eux commencées, et sur lesquelles ils auront travaillé. Ils ne pourront quitter leurs maîtres qu'en les avertissant un mois avant que les fontes par eux commencées ne soient finies.

217. Les articles ci-devant établis pour la police et la discipline des ouvriers imprimeurs sont applicables aux ouvriers fondeurs.

218. Les fondeurs, leurs veuves et héritiers ne pourront vendre, céder ou transporter leurs poinçons, frappes et matrices, en tout ou en partie, à d'autres qu'aux imprimeurs, aux libraires ou aux fondeurs en exercice, à peine de confiscation et d'amende arbitraire.

219. Il leur est spécialement défendu de les vendre pour être transportés à l'étranger, sous quelque prétexte que ce soit, à peine d'amende arbitraire, de confiscation, et de plus grandes peines s'il y échoit.

220. Les fondeurs se conformeront à ce qui est prescrit pour le serment exigé des libraires ou imprimeurs.

Des ventes et prisées.

221. Il est défendu à tous commissaires-priseurs, notaires, huissiers, avoués et autres, sous peine de nullité, de deux mille francs d'amende, et d'interdiction, de procéder à aucune vente judiciaire ou volontaire de livres, sans qu'au préalable il en ait été fait description et prisée par un libraire. Il sera en conséquence nommé par le directeur de la librairie de chaque division, et pour chaque ville, un libraire qui sera exclusivement chargé de faire ces prisées et descriptions.

222. Il y en aura deux par ville au-dessus de quarante mille ames; quatre pour les villes au-dessus de soixante mille ames, et douze pour Paris.

223. Lesdits libraires appréciateurs auront seuls le droit de faire la description ou la prisée des bibliothèques ou cabinets de livres, en quelque sorte et manière que ce soit, à peine de nullité desdites prisées et

descriptions, et de deux mille francs d'amende contre ceux qui les auraient faites. Il est défendu aux notaires, sous les mêmes peines, de recevoir aucunes prisées de livres faites par autres que lesdits libraires appréciateurs.

224. Sont dispensés de la visite, les bibliothèques ou cabinets de livres qui seront légués ou donnés, à moins que les legs ou donations n'ayent été faits à la charge de vente.

225. Lors desdites prisées ou descriptions, lesdits appréciateurs seront tenus de mettre à part et de faire un catalogue des livres défendus ou imprimés sans permission, qu'ils remettront à l'inspecteur de la librairie de l'arrondissement, pour être adressé au directeur-général. Ils remettront un double de ce catalogue aux parties intéressées, qui se chargeront des livres y contenus, sans pouvoir s'en dessaisir, sous quelque prétexte que ce soit, à peine de quinze cents francs d'amende, et de plus grandes peines, s'il y échoit.

226. Le directeur-général fera confisquer tout ou partie des livres portés sur lesdits catalogues, ou donnera permission de les vendre, suivant qu'il le jugera convenable pour l'intérêt de la religion, de l'état et des mœurs, et l'honneur des familles ou des particuliers.

227. Il sera payé 20 fr. au libraire appréciateur, par chaque vacation.

228. Les inventaires et prisées des fonds de librairie et d'imprimerie seront faits par les libraires appréciateurs: ces inventaires seront annexés par les notaires aux inventaires de meubles, le tout sous les peines portées en l'article 223.

229. La vente des fonds de librairie, ainsi que des livres en blanc ou reliés, vieux ou neufs, ne pourra être faite qu'en présence de l'inspecteur de la librairie, sous les peines portées en l'article 223.

230. La vente des imprimeries ou de parties d'icelles, ne pourra être faite sans la permission du directeur-général de la librairie, et qu'en la présence de l'inspecteur. Ce dernier tiendra un registre sur lequel les imprimeurs, auxquels seuls les presses et caractères pourront être vendus et adjugés, s'en chargeront, à peine

de confiscation et d'amende arbitraire contre les contrevenans.

231. Les imprimeurs qui vendront des presses ou partie de leurs imprimeries à d'autres imprimeurs, en feront la déclaration sur le même registre, avant que le transport n'eu puisse être fait : le tout sous les peines portées en l'article précédent.

232. L'article précédent est applicable aux menuisiers et mécaniciens qui font des presses pour les imprimeurs en lettres ou en taille-douce.

Aperçu du revenu annuel de l'Administration.

Suivant les meilleurs renseignemens et l'opinion de plusieurs libraires qui font un commerce de livres considérable, on fabrique en France pour seize millions au moins de librairie par an. Cette fabrication sera beaucoup plus considérable, lorsque les propriétés littéraires seront respectées.

Le droit de timbre mentionné dans le Projet, équivalant au vingtième du prix des livres, produira sur 16 millions	800,000 fr.
On *imprime* ou *réimprime* annuellement, compensation faite des différens formats, la valeur de 2000 volumes in-8°, à 2000 exemplaires chaque : ce qui suppose dans toute la France trois cents presses seulement, employées à fabriquer des livres. * Le droit à percevoir sur les permis d'imprimer sera donc au moins de	70,000
Le droit pour l'inscription des fondeurs, des libraires étaleurs ou colporteurs, et des apprentis, rapportera la première année au moins 400,000 fr. On peut l'évaluer par an à 20,000 fr. ci	20,000
Total du revenu annuel,	890,000

Dépenses.

Appointemens de :	
1 directeur général,	20,000
27 directeurs particuliers, à 4,000 fr.,	108,000
79 inspecteurs, à 2,400 fr.,	189,600
10 sous-inspecteurs, à 2000 fr.,	20,000
12 examinateurs à 1500 fr., non compris ce qui leur sera payé par les candidats,	18,000
24 censeurs, à 3000 fr.	72,000.
Frais de commis pour la direction générale et les directions particulières ; de loyers pour l'administration ; frais de bureaux, d'employés au timbre, d'agens secrets, etc.	200,000
	627,000

* Il y avait dans l'ancienne France 900 presses, dont 300 environ occupées à la fabrication des livres.

Nota. Les dépenses sont portées au plus haut, ... produit l'est au *minimum.* Il restera donc, tous les ... une somme considérable dans la caisse de la librai... Je voudrais que cette somme fût affectée à l'encoura... gement des entreprises littéraires, ou de librairie et d'im... primerie, jugées d'une grande utilité, et à faire ... pensions aux auteurs, aux imprimeurs, aux librair... à leurs veuves et à leurs enfans qui se trouverai... dans le besoin.

Je n'ai point compris dans le revenu de l'admini... tration le produit des confiscations et des amende... parce que les contraventions et les délits seront néc... sairement très-rares, si la librairie est soumise à un R... glement établi sur les bases que je recommande. D'a... leurs, je serais d'avis que le produit des prises fût pa... tagé entre les preneurs, comme dans la marine et ... douanes.

Je ne parle point non plus du produit du timbre q... je propose d'appliquer sur les contrefaçons actuellem... existantes. Il sera considérable, beaucoup plus qu'... ne se l'imagine; mais cette somme ne doit être perç... qu'une fois, et ne peut par conséquent être compri... dans le revenu annuel.